Introducción al Revenue Management para Hoteles

Versión ampliada 2020

Gemma Hereter

INDICE

1	A quién se dirige este libro	13
2	¿Qué es el Revenue Management?	14
3	¿Por qué se aplica o porque se usa el Revenue Management en los hoteles?	18
4	Aplicación del Revenue Management en Hoteles	25
5	Segmentación del Mercado	28
6	La medición de los ingresos	31
7	Estrategias de aplicación	33
8	Inventory vs Revenue Management	36
9	La demanda ilimitada	37
10	Pasos necesarios	39
11	Análisis	40
12	El presupuesto	42
13	El Calendario de Tarifas	48
14	El Calendario de Demanda	51
15	Forecasting	53
16	Benchmarking	58
17	Pricing	65

18   Gestión de Canales de venta   69

19   El Channel Manager   74

20   El Dumping   76

21   Marketing Online   80

22   Reputación Online   99

23   Cuánto cobra un Revenue Manager   105

24   Resumen y Conclusión   110

     Sobre la Autora   111

EL PORQUE DE ESTE LIBRO

Primero de todo quisiera darte la bienvenida y las gracias por estar interesad@ en este libro y en esta temática tan interesante como es el Revenue Management. Todo lo que contaremos aquí lo puedes encontrar también el curso de Revenue Management para hoteles en la plataforma Udemy.com (http://www.udemy.com/revenue-management-para-hoteles)

En él el temario está grabado en video, es interactivo, muy fácil de seguir y vas a tener acceso ilimitado de por vida.

Dicho esto entramos en la razón por la que he decido hacer este curso: la razón principal es porque en internet actualmente no se pueden encontrar ni muchos cursos, ni mucha información sobre el Revenue Management y si podemos encontrar cursos estos son a precios excesivos.

Habiendo estudiando turismo y teniendo una larga trayectoria profesional dentro del sector hotelero, pasé por distintos departamentos dentro de los hoteles, y finalmente me acabé dedicando al Revenue Management. La voluntad de ofrecer mi visión y mis conocimientos sobre este tema me han hecho hacer este curso y espero que lo disfrutéis tanto como yo lo he disfrutado preparándolo.

El primer paso es darte la bienvenida y ofrecerte a que conectes conmigo a través de las distintas redes sociales, una de ellas es LinkedIn, en LinkedIn buscando mi perfil (Gemma Hereter), podrás mandarme una invitación y estaré encantada de añadirte a mi círculo de contactos.

PORQUE DEBERÍAS LEER ESTE LIBRO

En este libro no sólo vamos a hablar sobre el Revenue Management, sino también de la importancia de las redes sociales, la reputación online y de marca. Creo mucho en el potencial de las empresas y de los hoteles en todo lo que concierne al tema de reputación de marca y en la era en la que vivimos y con la presencia de internet en nuestras vidas las 24 horas, es de vital importancia que un negocio tenga una buena reputación de marca.

¿qué vamos a tratar en este curso?

- vamos a ver a quién va dirigido este libro

- qué es el Revenue Management

- cuáles son los fundamentos del Revenue Management

- las principales estrategias de aplicación

- cuáles son los pasos necesarios para la organización del Revenue Management y la estrategia pura y dura del Revenue Management.

- el análisis de la situación

- el forecast

- el pricing

- el benchmarking

- el channel manager

- el dumping

- el marketing online hotelero

- la reputación online

- y los sueldos que ofrece esta posición en el mundo :)

Todo ello con ejemplos, lo que hará el temario más dinámico.

Por lo que te animo a seguir leyendo y a adentrarte un poco más en el mundo del revenue management.

1 A QUIÉN SE DIRIGE ESTE LIBRO

Este libro va dirigido a cualquier estudiante y a cualquier persona que esté trabajando o estudiando y que esté interesado en el Revenue Management. Principalmente va dirigido a estudiantes de turismo y dirección hotelera. Yo estudié turismo, y luego hice un postgrado en gestión de eventos y dirección hotelera, y evidentemente en ese momento, hace trece o catorce años, no había una asignatura puramente de Revenue Management. Ahora hay postgrados, másters y muchos tipos de cursos para hacer después de los estudios. Es por eso que creo que si te interesa trabajar en el sector hotelero, si te interesa la temática de Revenue Management, este libro es para ti.

También este libro va dirigido a recepcionistas, a comerciales de hoteles y a los directores, para que entiendan y se pongan un poco más en la piel del Revenue Manager, y para que entiendan cómo funciona este departamento, porque este departamento no es un departamento de una sola persona, sino de la implicación de todo un hotel.

Este libro también es para los Revenue Managers, para tener una base, un conocimiento, para que sepan con los casos prácticos que vamos a poner cómo poner en práctica día a día su trabajo y también porqué no, dirigimos este libro a trabajadores y gerentes de club de golf, bares, restaurantes, cines, todas esas empresas que puedan ser susceptibles de generar más ingresos a través de una buena aplicación del Revenue Management.

2 ¿QUÉ ES EL REVENUE MANAGEMENT?

El **Revenue Management** tiene sus inicios en el **Yield Management**, el cuál nació con las líneas aéreas en los años setenta. Esto surgió porque había una compañía aérea americana que vió la luz, nació de golpe y puso a la venta billetes aéreos, los que serían ahora los low cost, a bajo precio. Entonces, una compañía que ya existía, a causa de la competencia decidió también poner a la venta billetes más económicos pero vender al mismo tiempo billetes más caros en la clase superior para los clientes que quisieran pagar un precio más alto. ¿Qué pasó? Que la compañía que utilizó el Yield Management sobrevivió y la otra se fue a la quiebra, ese fue el inicio del Yield Management.

Todos sabemos, o tenemos en cuenta que el objetivo de cualquier negocio es el de obtener el máximo beneficio posible. El Revenue Management es preciosamente esto, una técnica para sacar los mejores ingresos en este caso a un hotel hostal, aparthotel o los distintos departamentos de un alojamiento turístico, como pueden ser el Spa, restaurant, salas de convenciones y departamento de food & beverage en general.

A pesar de que el objetivo sea el vender lo máximo, no siempre implica que esta venta se está haciendo bien. Para vender hay que recopilar la máxima información posible y ver de qué manera se pueden vender mejor los servicios y habitaciones a su disposición, aplicando una estrategia de venta que va a implicar a los distintas personas y departamentos del hotel (comercial, Dirección, personal de spa, MICE etc); aquí es dónde aparece la figura del Revenue Manager.

El Revenue Management **es la técnica usada para vender el producto adecuado en el momento adecuado, al cliente adecuado y al precio adecuado.** Veremos un poco más concretamente qué es todo lo adecuado que necesitamos vender, tanto el producto como el precio, como el momento y a quién.

También es la manera de vender las unidades de capacidad fija (habitaciones, butacas, mesas de restaurante...) de la forma más rentable posible en el canal de distribución adecuado con la mejor eficiencia de comisiones.

Como os comentaba hay una diferencia entre el Yield y el Revenue.

DIFERENCIAS ENTRE EL YIELD Y EL REVENUE

El Yield nació en las líneas aéreas americanas en los años setenta, el Revenue nació con la evolución del Yield.

El Yield es la gestión del índice de rentabilidad, mientras que el Revenue es la gestión de los ingresos.

En el Yield se optimiza el ingreso por cada milla volada por pasajero y el tanto por ciento de plazas vendidas, esto es para conseguir el máximo ingreso posible, centrado prácticamente en la gestión de los precios; la diferencia con el Revenue es que se centra en un esfuerzo diario para incrementar el RevPAR.

El **RevPAR** es el Revenue per Available Room, o sea los ingresos por habitación disponible, se tiene que encontrar un equilibro entre ocupación y precio medio, esta es la diferencia principal entre el Yield y el Revenue.

Actualmente los hoteles hacen Revenue y las compañías aéreas han ido evolucionando también y hacen Revenue, pero básicamente hacen y hacían Yield.

FILOSOFIA Y CULTURA DEL REVENUE

El Revenue Management ayuda a predecir los comportamientos de la demanda con el fin de optimizar el inventario y los precios maximizando el crecimiento de los ingresos. Hacer Revenue significa no vender una habitación hoy más barata cuando mañana la podemos vender más cara.

También significa buscar información para predecir la fluctuación del mercado; si podremos vender una habitación mañana a un precio superior o si debemos venderla hoy a un precio X ya que no habrá una demanda a precio superior.

Hacer revenue implica no solo saber cuando vender y por cuanto en temporada alta, sino también en temporada baja, para estimular el mercado.

Vamos a seguir con el temario y a entrar ya en los fundamentos del Revenue Management.

Sección 1. Fundamentos del Revenue Management

3 ¿POR QUÉ SE APLICA O POR QUE SE USA EL REVENUE MANAGEMENT EN LOS HOTELES?

Como todos prácticamente sabréis el inventario de un hotel es perecedero, eso quiere decir que una habitación que no se venda hoy a un precio x, no se puede vender mañana, porque el día ya ha pasado. Entonces no se va a poder vender ni a más precio, ni podremos vender una habitación que hayamos dejado de vender el día anterior, es por eso que se tiene que intentar vender cada día un número de habitaciones concretas a un precio concreto. En este caso al mejor precio posible, esta es nuestra tarea, **intentar conseguir el máximo de ingresos posibles por habitación vendida.**

¿Qué pasa con un hotel? Un hotel tiene una capacidad fija de habitaciones, o sea tenemos un numero x, por ejemplo de cien habitaciones al día por vender. Sabemos qué reservas nos van a llegar por anticipado (reservas), *llegadas previstas* y, igualmente tendremos un número de habitaciones o de reservas o de clientes que nos llegaran el mismo día y que serán *llegadas imprevistas*.

Además los hoteles tienen una demanda variable según el tiempo (épocas del año, eventos, ferias, etc).

Por ejemplo, no es lo mismo un hotel de playa en que la estacionalidad es muy alta, si es de playa será en verano y si es de montaña seguramente será la época de ski, que es en invierno. Es por eso que tendremos una demanda muy variable en el tiempo, tenemos que preverlo y tenerlo muy claro y prever los períodos de alta demanda y los de baja demanda.

¿Qué tiene un hotel? Un hotel tiene **costes fijos** con lo cual sabemos como mínimo a qué precio tenemos que vender una habitación para que el hotel sea rentable.

Tendremos una **segmentación de mercado**, tema del que hablaremos un poco más adelante, hecho que nos ayudará a saber de dónde nos vienen los clientes y porque razón visitan el hotel, con esto nos será bastante fácil prever la ocupación según la estacionalidad y según el mercado.

Así nos queda claro que uno de los puntos importantes del Revenue Management es la **recolección de datos y de información** para poder tomar las mejores decisiones que se traduzcan en saber vender nuestro hotel lo mejor posible. Necesitaremos saber:

Cuáles son los **hábitos de compra** de nuestros clientes (con qué antelación reservan, cuantos días se quedan, en qué fechas hay más demanda, por qué canal nos compran (booking, expedia, ttoo...)

Qué **tipo de cliente** tenemos: empresa, vacacional, de convención, crucerista, grupos turísticos, etc.

Cúales son los **costes fijos de nuestro hotel**, es decir, cuanto nos cuesta ocupar una habitación.

Para aplicar correctamente una estrategia de Revenue Management todas las partes implicadas de un negocio deberán conocer y tomar en consideración los:

- clientes

- precios

- eventos

- el pasado (histórico)

- competencia

- distribución

- sistemas a aplicar

LLAMADA A LA ACCIÓN PARA APLICAR EL REVENUE

1. Organiza una reunión semanal con el equipo comercial, ventas y Dirección para tener la misma visión de cómo evoluciona la demanda.

2. Desarrolla la cultura del Revenue en el hotel. Haz que todos los departamentos se impliquen, que vean porque se rechaza un negocio, etc.

3. Recopila estadísticas para tomar decisiones basadas en conocimiento.

4. Investiga la capacidad que tiene tu PMS de darte información, estadísticas, informes...

El Revenue Management también se puede aplicar en otros negocios, ya lo hemos dicho antes, en bares, restaurantes, fitness, club de golf.

APLICACIÓN DEL REVENUE MANAGEMENT EN OTROS NEGOCIOS

¿Por qué se podría aplicar en otros negocios, como por ejemplo restaurantes? Pues porque por ejemplo en el caso de un restaurante, puede que tengan productos que sean perecederos y que por ejemplo vayan a caducar en un corto período de tiempo e interese sacarlo ese día a un precio especial, ya que sinó, se perderá el dinero (coste del producto) con ello. También puede ser el caso, que nos interese fijar un día de la semana, en que lo tenemos más flojo de clientela, y hacer una promoción en bebidas o en carta, para intentar generar ingresos ese día o hora de la semana.

Igualmente el revenue, se puede aplicar en el cine. En el cine hay una serie de butacas con un pase previsto que a veces no se llenan. Si no se llenan en ese pase, es dinero que estamos perdiendo; Día pasado, es dinero sin ingresar.

Para aplicar el Revenue management en otros negocios deberemos:

1. Gestionar la rentabilidad:

- Hacer un presupuesto mensual y anual

- Conocer el punto de equilibrio de su negocio

- Realizar la cuenta de resultados

- Controlar las ventas

- Controlar los costes

2. Gestionar los costes:

- Tener escandallos de los platos (bar, restaurante)

- Realizar inventario de las mercancías

- Control periódico de los costes de compra

- Calcular el food cost en el restaurante

- Calcular las caducidades en cocina

3. Gestionar las ventas:

- Conocer cuál es el ticket medio por persona de su negocio (lo que se gasta de medía cada persona)

- Conocer cuál es el ticket medio por momentos de consumo (mañana, tarde, noche, fin de semana...)

- Conocer el número de clientes por día y momento de consumo

- Conocer el margen bruto que aporta cada producto o servicio

4. Gestión de marketing:

- Realizar promociones de venta

- Disponer de indicadores de satisfacción del cliente

- Conocer a sus competidores

- Realizar venta sugestiva en su negocio

- Lanzar nuevos productos periódicamente

- Hacer publicidad y promoción de su negocio

Acciones que podemos llevar a cabo:

- Variar los precios de consumo durante la semana y según el momento de consumo

- Indicar al personal qué platos/productos/películas, etc interesa vender para así darles prioridad

4 APLICACIÓN DEL REVENUE MANAGEMENT EN HOTELES

¿Cuáles son los requisitos para tener en cuenta a la hora de aplicar el Revenue Management?

- Segmentación del mercado

- Análisis del pasado y de las tendencias futuras

- Previsiones/ forecasts

- Estrategias de precios

- Estrategias de overbooking

¿Cómo vamos a aplicar el Revenue Management? Como ya hemos comentado tendremos que conocer la **segmentación del mercado**, es muy importante saber qué tipo de segmento de mercado nos viene a nuestro hotel, si es la mayor parte de tour operación, o menor medida ocio, en negocio, grupos, convenciones, reuniones. Tendremos que **analizar el pasado**, con un histórico de reservas y un histórico de precios, así como con la producción y el booking pace (el tiempo que transcurre entre que el cliente reserva y se aloja en el hotel).

Junto con todo esto tendremos que hacer una **estrategia de precios** a aplicar en el año en curso mirando la **competencia** y el **presupuesto anual** que queremos llegar a cumplir y que nos marcará normalmente la dirección, la cadena o la propiedad del hotel.

No podemos obviar que hoy en día la compra se hace por internet y que la mayoría de clientes, antes de reservar un hotel, a parte del precio tienen muy en cuenta la puntuación y comentarios que han dejado otros huéspedes ya sea en la página web dónde van a querer reservar o en Tripadvisor. El factor reputación afectará en gran medida al precio que un hotel o alojamiento turístico puede llegar a vender.

Si por ejemplo tenemos 2 hoteles de 3 estrellas en una ubicación similar y unos servicios similares (desayuno, servicio despertador, staff en recepción, etc), que por ley se tienen que cumplir, cómo va a decidir un cliente no condicionado solamente por el factor precio en qué hotel se va a alojar? O si el precio que tienen estos dos hoteles es similar? Por la reputación online.

Es un factor a tener en cuenta en cuanto a la aplicación del Revenue Management ya que sabemos hasta qué límite de precio podremos llegar y con qué competencia nos podemos comparar (normalmente suelen ser alojamientos cercanos, de la misma categoría y con servicios similares).

Además de la estrategia de precios, tendremos que hacer una **estrategia de over booking** porque todos sabemos que a pesar de que estemos llenos en una fecha concreta, hay un número x de reservas que se cancelan, ya sea porque son no show o porque se pueden cancelar hasta el mismo día de llegada y que puede que el cliente cancele. Tendremos que hacer una previsión de la demanda, un **forecast**, para ver qué previsión de ocupación tendremos en un futuro; el forecast nos permitirá reaccionar ante los períodos de baja demanda, diseñar distintos niveles de tarifas y elegir los canales de distribución óptimos para gestionar las reservas.

Todo esto será **la base para aplicar el Revenue Management**, con eso podremos hacer una buena estrategia, o la mejor estrategia posible para nuestro hotel.

Una vez establecida nuestra estrategia, nuestro trabajo no termina aquí ni mucho menos, una parte importante de él será el **análisis de los resultados** haciendo un seguimiento de estos a través de informes periódicos que nos permitan hacer comparativas. Sin un análisis de nuestros resultados es imposible establecer medidas correctoras para optimizar nuestra estrategia de Revenue.

5 SEGMENTACIÓN DEL MERCADO

Por lo que se refiere a la segmentación el mercado, haremos un **pricing por segmento**, eso quiere decir que estableceremos un precio por cada segmento del mercado. Igualmente analizaremos de cada segmento del mercado qué volumen de negocio y producción nos pueden traer a nuestro hotel, esto será muy importante.

Por ejemplo si somos un hotel que tiene muchos teatros en la zona, seguramente un segmento importante será el de productoras, tendremos que establecer un precio, analizar realmente cuando y qué tipo de productoras podrían venir a alojarse y tener una previsión de demanda. Esto nos ayudará a segmentar cada tipología de mercado y hacer una previsión de demanda anual de nuestro hotel.

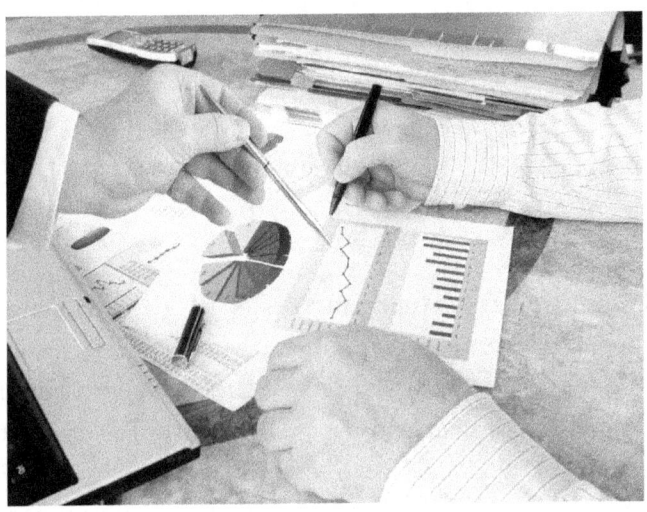

Tipos de segmentos que podría tener un hotel.

- **segmento ocio** con el *ocio individual,* estos son por ejemplo el tipo de cliente que viene por ocio a una ciudad o a un destino turístico, los clientes de cruceros, los clientes que vienen por paquetes, que podemos identificar que vienen con una serie de servicios incluidos o que vienen con una serie de extras(desayuno, medias pensiones...).

Dentro del segmento ocio podemos diferenciar en *grupos de ocio,* cuando tenemos unas peticiones de grupos, grupos turísticos, *series y circuitos.*

- **segmento negocio,** lo diferenciaremos con *empresas, grupos de negocio, congresos, incentivos, reuniones,* etc.

Hacer esta segmentación te ayudará a sacar información y tendencias generales del mercado con:

- la duración de la estancia

-días de la semana de la estancia

-ingresos totales por habitación

- tiempo de antelación de la reserva

-anulaciones y ratio de no show

Para segmentar los clientes, desde el departamento de recepción/reservas en el momento de recibir la reserva y cuando no lo tengamos claro se debe averiguar o intuir la razón por la cual viene tu cliente a alojarse. Por ejemplo, si entre semana tenemos una reserva a través de booking.com de un cliente que es una persona sola y que identificamos que es una persona que viene seguramente a través de una empresa porque viene entre semana para una o dos noches, y parece que va a trabajar, lo identificaremos como segmento negocio, esto nos va a ayudar luego para hacer el presupuesto y ver qué precio medio le queremos asignar a ese segmento concreto y qué queremos pedir cuando tengamos peticiones de un segmento concreto o como tarifa. Igualmente a nivel comercial, nos interesará obtener los datos de la empresa o de contacto de este cliente, porque si vemos que va a repetir su estancia, ofrecerle una tarifa competitiva para que reserve directamente y no a través de una agencia online ya que nos cobra comisión.

6 LA MEDICIÓN DE LOS INGRESOS

¿Cómo vamos a medir la eficiencia de nuestros ingresos y de nuestra técnica de Revenue Management? ¿Qué indicadores nos indican los ingresos? ¿Cómo vamos a medir el Revenue Management y los ingresos de nuestro hotel?

Hay algunas cadenas hoteleras o algunos hoteles que aún se fijan solamente en la ocupación como indicador de éxito o no éxito, o de cómo va el negocio, pero esto a mi entender no es una buena política de gestión de un negocio ya que puedes haber llenado el hotel pero a un precio muy bajo, o haber llenado un 10% de las habitaciones a un precio muy alto.

Tenemos varios indicadores que nos van a facilitar varios datos. Entre ellos y el que está ganando más importancia últimamente es el **RevPAR**, el RevPAR es el ingreso por habitación disponible.

A mi entender creo que es uno de los mejores indicadores

Por ejemplo, si nuestro hotel tiene cien habitaciones y en el mes de enero tenemos treinta y un días, eso quiere decir que en el mes de enero hemos podido vender 3.100 habitaciones, si hemos producido o ingresado 98.000 euros, eso quiere decir que nuestro RevPAR, nuestro ingreso por habitación ha sido de 31.61€.

100 habitaciones x 31 días= 3.100 habitaciones disponibles para vender al mes.

98.000€ de ingreso / 3100 habitaciones= 31,61€

Si hacemos un comparativo con otro año lo positivo sería que el RevPAR fuera subiendo, no que fuera bajando. Ya que nos está indicando que con el mismo número de habitaciones disponibles a la venta, estamos ingresando más dinero.

Otro indicativo es el **ADR**, que es el Average Daily Rate, o el precio medio, el ADR es el precio medio de venta de la habitación ocupada, esto es un indicativo que nos viene a decir a qué precio estamos vendiendo cada habitación ocupada. Por ejemplo, si en el mes de enero hemos vendido 1.550 habitaciones y hemos producido 98.000 euros, nuestro precio medio será de 63,22€, esto evidentemente nos sirve para hacer comparativos con años anteriores y ver cuál es la evolución tanto mensual como anual del precio medio.

Otros indicadores que tenemos son:

Trevpar: ingresos totales por habitación disponible.

Goppar: beneficio neto por habitación disponible.

Revpam: ingresos de conferencias y banquetes por metro cuadrado.

Revpash: ingresos de f&b por asientos disponibles y hora.

7 ESTRATEGIAS DE APLICACIÓN

Tenemos algunas estrategias que podemos aplicar para obtener mayor beneficio y un mayor número de ingresos para nuestro hotel.

Uno de ellos es la **gestión de disponibilidad**, tenemos que saber en todo momento cuantas habitaciones tenemos disponibles a la venta y cómo potenciar esta venta; también tenemos que saber gestionar muy bien el **overbooking**, una buena manera de hacer Revenue Management es normalmente estar en overbooking, eso no quiere decir de veinte habitaciones o de diez habitaciones, pero sí de unas cuantas, teniendo en cuenta que un número x de habitaciones tienden a ser no show o a cancelarse con muy poco tiempo de antelación, con lo cual nos podemos encontrar que para un día estemos llenos y que en menos de veinticuatro horas, nos queden cuatro o cinco habitaciones a la venta.

Como hemos dicho, la habitación es un producto perecedero y que no vamos a poder recuperar, tenemos que intentar vender con el mejor precio posible el máximo de habitaciones por día, porque lo que no vendamos hoy no lo vamos a vender mañana, nunca vamos a recuperar ese dinero. Yo no soy muy partidaria de hacer un gran overbooking, pero sí de tener un número de habitaciones que podamos desviar, eso ya depende también de la estrategia de dirección y de analizar el coste de overbooking, realmente si nos sale a cuenta; porque si tenemos que acabar pagando para un desvió mucho más dinero del que estamos ganando con ese overbooking puede ser que no nos salga a cuenta.

También tenemos que aplicar correctamente el **close out day** y cerrar bien las ventas y el **mínimum lenght of stay** y el **maximum lenght of stay,** que eso es normalmente saber aplicar bien cuál es el mínimo de noches que obligaremos a nuestros clientes a alojarse, por ejemplo en un evento importante que ocupe tres días intentaremos vender la habitación esos tres días o como mínimo dos días para que no nos quede un día colgado. Igualmente va a ser una buena estrategia el obligar a estarse un mínimo de noches a un grupo, por ejemplo los dos días de un fin de semana para que no nos deje muchas habitaciones disponibles a la venta un día en concreto, por ejemplo un viernes y que no podamos vender el sábado, porque la gente tiende a alojarse un viernes y un sábado.

8 INVENTORY VS REVENUE MANAGEMENT

¿Cuáles son las diferencias entre el inventory y el Rev Management?

El inventory es vender todas las habitaciones y el revenue management es vender esas habitaciones pero al mejor precio. El inventory lo que intenta es optimizar el espacio, por ejemplo, vendiendo también los salones, restaurante, etc, y teniendo en cuenta las restricciones de venta; así como también las tipologías de habitaciones a la venta. No se hace ni pricing ni crossselling ni upselling,

El rev management lo que intenta hacer es vender esas habitaciones al mejor precio teniendo en cuenta la subida y bajada de precios de la competencia y la previsión de demanda. No es lo mismo vender una habitación a ochenta euros que una a noventa, porque la hemos podido vender a la persona adecuada en el momento adecuado y el tipo de habitación adecuado.

9 LA DEMANDA ILIMITADA

La demanda ilimitada o unconstrained demand es la demanda completa que tendríamos para un día. Por ejemplo, en un periodo como un fin de semana que sea festivo y que tengamos muchas peticiones de grupos, si tenemos cien habitaciones confirmadas y estamos llenos, le tendríamos que sumar todo lo que hemos rechazado porque estamos completos más lo no show y las cancelaciones; eso sería la demanda completa. Así, si hacemos un estudio podemos calcular la ocupación máxima que hubiese podido tener el hotel y a qué precio podríamos haberlo vendido; en vez de estarlo vendiendo a ochenta euros por noche si lo podríamos haber vendido por noventa o noventa y cinco euros.

Esto también nos servirá para hacer una previsión para vender las últimas habitaciones disponibles, a qué precio y con qué restricciones (mínimo de noches) y empezar a rechazar peticiones de reservas con tarifas bajas o a cerrar cupos de TTOO, por ejemplo early bookings.

Day	OTB	1	2	3	4	5	6	7	8	9	10
Segment 1	Room nigths	23	25	19	33	33	19	17	15	10	5
	Pick up Exp	3	5	10	11	12	15	17	23	25	30
Segment 2	Room nigths	12	13	10	17	17	10	9	8	5	3
	Pick up Exp	7	9	14	15	16	19	21	27	29	34
Segment 3	Room nigths	27	29	23	37	37	23	21	19	14	9
	Pick up Exp	5	7	12	13	14	17	19	25	27	32
Total Bookings		77	88	88	126	129	103	104	117	110	113
Number of Hotel Rooms		100	100	100	100	100	100	100	100	100	100
Exceeding demand		0	0	0	26	29	3	4	17	10	13

Tabla de xhotels

Haz un excel con las fechas, las reservas entradas y las peticiones que tienes, los rechazos efectuados, la duración de la estancia, segmento del mercado, y el importe total de los ingresos.

Haz un tabla con los rechazos por parte del hotel (denial) y los del cliente (regret) para hacer un seguimiento de las peticiones y prever en un futuro la demanda y razones por las que no se confirmaron las reservas y en qué condiciones las hicieron.

Esto nos servirá para hacer una previsión para años venideros para saber a cuanto hubiésemos podido vender cada habitación en ese período en concreto y venderlo mejor.

10 PASOS NECESARIOS

¿Cuáles son los pasos necesarios para implementar un buen Revenue Management? Primero de todo lo que tenemos que hacer es implicar a todo el equipo comercial, de dirección y de recepción en el trabajo de Revenue Management. Eso quiere decir explicarles y ponerles en la situación de la persona que se encarga del Revenue Management del hotel y hacerles conocedores de cuáles son la estrategia y los objetivos a los cuales se quieren llegar. Este no es el trabajo de una sola persona, sino que es el trabajo de todo un equipo, a pesar de que en la mayoría de casos lo desarrolle una sola persona. Eso quiere decir, por ejemplo que si tenemos la persona encargada de hacer la estrategia del Revenue Management y aplicarla, también habrá otras personas como el departamento de grupos o el departamento comercial que dependan de la estrategia y la aplicación de precios que va a implementar un Revenue Manager, por lo que es muy importante tener a todo el equipo implicado y saber en todo momento a donde es que el hotel o la cadena se dirige, cuales son los objetivos y cuál es la estrategia que se va a seguir. Para ello es importante hacer una reunión semanal como mínimo con todo el equipo implicado para que todo mundo vaya a la una, y si surgen dudas despejarlas en estas reuniones semanales.

11 ANÁLISIS

Para aplicar un buen Revenue Management necesitamos hacer un análisis de la situación:

Los datos a analizar son:

☐ Tarifa Media

☐ Ocupación

☐ RevPar

☐ Pick Up

☐ Longitud estancia

☐ Origen geográfico

☐ Segmentos

Lo que haremos será analizar la **tarifa media, mensual y la anual**. Lo que debemos hacer es un presupuesto y que sea lo más realista posible, analizándolo diariamente, semanalmente y mensualmente para ver si llegamos o si vamos a llegar a lo que es la tarifa media marcada, cuál es la que tenemos en cada momento y cuál será el forecast o la evolución o que lleguemos a hacer de tarifa media.

Los mismo sería a nivel del **RevPAR**; también analizaremos diariamente y mensualmente cuál es el **pick up**, (el volumen de reservas que entran diariamente o mensualmente), como está evolucionando y qué comparación podemos hacer con años anteriores. El pick up lo podemos hacer en modo genérico y/o por segmentos. También analizaremos los **segmentos** cuáles son y cómo están evolucionando.

También analizaremos cuál es la **longitud de estancia** de nuestros clientes porque puede ser que de un año a otro varíe, o por ejemplo dependiendo del **origen geográfico** de cada cliente tendremos una longitud de estancia distinta según su nacionalidad (alguien de un país más lejano puede que se aloje más días y alguien nacional o de un país más cercano menos).

¿Cómo analizaremos todo esto? Con los reportes que nos dé nuestro sistema, dependiendo del programa que estemos usando, normalmente tenderemos a sacar y a mirar los datos de forma diaria, semanal, mensual y anual; dependiendo también de cada dato que queramos estudiar. ¿Para qué nos servirá el análisis de estos datos? Para ver qué histórico teníamos, o en todo caso tener datos para en el futuro tener un histórico y ver cómo estamos en este momento y cómo se presenta el futuro. Todo esto nos servirá para hacer también un estudio sobre los ingresos que tendremos en el hotel.

Sección 2. Las Herramientas

12 EL PRESUPUESTO

¿Cuáles son las herramientas que usa un Revenue Manager para hacer el análisis de la situación del hotel y para saber qué es lo que tiene que conseguir? Lo primero que tendrá que hacer un Revenue Manager conjuntamente con la Dirección o el equipo comercial es hacer un **presupuesto**.

El presupuesto suele ser por departamento (habitaciones, restaurante, spa, etc) y global (en que englobe todo el presupuesto del hotel). El presupuesto debe estar desglosado de forma mensual y englobado en el presupuesto anual.

El presupuesto lo que hace es que presenta de manera cuantitativa los objetivos fijados y que se pretenden alcanzar dentro de un hotel, y nos va a reflejar los costes, las compras, las ventas..., todo aquello necesario para saber cuál es el estado a final de año de nuestro negocio.

¿Cuáles son las ventajas de tener un presupuesto y de hacerlo? El presupuesto nos va a marcar un objetivo claro, que es hacía dónde tenemos que enfocarnos; nos va a permitir aumentar el control sobre cada ratio y un control sobre los resultados, nos va a permitir establecer prioridades, por ejemplo si un mes el departamento de Food and Beverage no está evolucionando como tendría que ser lo presupuestado, se podrán hacer acciones que permitan llegar a presupuesto a final de año o a final de semestre o cuando sea que esté marcado, gracias a un análisis de ese presupuesto y ver hacía dónde está tirando ese departamento. Esto nos va a permitir anticiparnos a posibles éxitos o fracasos de los distintos departamentos que forman parte de un hotel.

Básicamente para hacer un presupuesto tenemos que seguir cinco pasos:

1 – Los ingresos

Tenemos que revisar los ingresos que hemos tenido en el año anterior y hacer una previsión de los ingresos que podemos generar en el año siguiente, el que estamos presupuestando.

Los ingresos (en el caso del alojamiento) son el producto de dos variables: la **ocupación** en forma de room nights y el **precio medio** de la habitación o ADR (Average Daily Rate).

Podemos hacer 2 tipos de presupuesto, uno dónde nos indiquen qué crecimiento se quiere, por ejemplo, de un 4% en total, entonces nosotros lo desglosamos en un 0,71% de aumento en ADR y 3,26% en ocupación). Y lo ajustamos por segmentos (o al revés hasta cuadrarlo) o por canales de ventas/distribución.

Hotel Barcelona 4*

	Habs	100 habs
	Noches	365 días
	RN disponibles	36500

Segmentos	Cierre 2019 Room nights	%	PM	Revenue	Presupuesto 2020 Room nights	%	PM	Revenue
BAR	15.695	43%	95,3	1.495.733,50	16.000	44	96,55	1.544.800
TTOO	1.825	5%	82,7	150.927,50	1.845	5	85,25	157.286
Promocional	2.190	6%	98,25	215.167,50	2.295	6	98,35	225.713
Corporate	5.475	15%	93,1	509.722,50	5.750	16	93,5	537.625
Grupos	3.625	10%	85,3	309.212,50	3.860	11	87,086	336.152
TOTAL	28.810	79%	93,04	2.680.763,50	29750	82	94,17	2.801.576
					3,26%		0,71%	

En el cuadro de arriba tenemos el cierre de 2019 por segmentos (BAR, tarifa promocional, TTOO, corporate y grupos) con las room nights y el ADR o PM; y el presupuesto de 2020, vemos que hemos subido un 3,26% el revenue y un 0,71% la ocupación.

En el siguiente cuadro haremos la previsión de ingresos para 2020, desglosándolo por meses:

Simularemos que Semana Santa en 2020 fuera en marzo (es en abril)

CIERRE 2019	ENE	FEB	MAR	ABR*	MAY
DIAS/MES	31	28	31	30	31
HABITACIONES	100	100	100	100	100
ROOM NIGHTS DISPONIBLES	3.100	2.800	3.100	3.000	3.100
OCUPACIÓN	1.994	2.331	2.571	2.379	2.691
OCC%	64%	83%	83%	79%	87%
ADR	85,6 €	95,4 €	96,7 €	93,5 €	98,1 €
TOTAL ROOM REVENUE	170.686 €	222.377 €	248.616 €	222.437 €	263.987 €

PRESUPUESTO 2020	ENE	FEB	MAR*	ABR	MAY
DIAS/MES	31	29	31	30	31
HABITACIONES	100	100	100	100	100
ROOM NIGHTS DISPONIBLES	3.100	2.900	3.100	3.000	3.100
OCUPACIÓN INCREMENTO LINEAL	2.059	2.407	2.655	2.457	2.779
AJUSTE MANUAL OCUPACIÓN	2.059	2.407	2.450	2.650	2.739
OCC%	66%	83%	79%	88%	88%
ADR	86,2 €	96,1 €	97,4 €	94,2 €	98,8 €
ADR AJUSTE MANUAL ADR	86,2 €	96,1 €	93,3 €	96,0 €	101,0 €
TOTAL ROOM REVENUE	177.514 €	231.273 €	258.560 €	231.334 €	274.547 €
TOTAL ROOM REVENUE AJUSTADO	177.514 €	231.272 €	228.585 €	254.400 €	276.639 €

MAR* ABR* INCLUYE SEMANA SANTA

2 – Los Costes

- **Costes fijos** que se producen si o si, son el alquiler o hipoteca del hotel, una parte del personal (el equipo directivo, mantenimiento, recepción, reservas, …),

44

seguros, ...

- **Costes variables** que se producen para cada habitación vendida/ocupada como la limpieza de la habitación si está externalizada, de la ropa de cama, ...

Un ejemplo de coste para una habitación doble sería:

- Coste limpieza externalizada: 5€

- Coste lavanderia: 2€

- Coste amenities: 0,45€

- Coste papel + tinta check in-out: 0,1 €

- Agua: 0,1€

- Energia: 1€

total: 8,65€

- **Costes semi-variables** como por ejemplo costes de inversión de marketing, electricidad, agua, calefacción...

El **margen de contribución** es la diferencia entre lo que ingresamos por la habitación menos los costes variables, que es lo que contribuye, primero a cubrir costes fijos y después a convertirse en beneficio.

Ingresos 100€

Costes variables 40€

Margen de Contribución 60€

El precio de venta de nuestras habitaciones debe ser superior a los Costes variables, en caso contrario estaríamos pagando a los clientes por venir a nuestro hotel.

Estos 60 € de Margen de Contribución son para cubrir primero los Costes fijos y después el beneficio.

El **Punto Muerto** es el momento en que el hotel comienza a generar beneficios. Los Ingresos de las habitaciones contribuyen en primer lugar a pagar los Costes variables y a continuación a pagar los Costes fijos, que es el momento en que llegamos al Punto Muerto.

El Punto Muerto es el nivel de ventas en el que el margen de contribución cubre los costes fijos. Por ejemplo:

Costes fijos mensuales 45.000€

Margen de Contribución 60€

Punto Muerto 45.000€/60€ = 750

Room Nights

750 RNs en 30 noches= 25 habitaciones/noche

Así pues, a partir de una ocupación de 25 habitaciones la noche, nuestro hotel empezaría a generar beneficios ya que habríamos cubierto los costes variables y fijos.

3 – El presupuesto

Para hacer el presupuesto como la ocupación y el precio medio varían mes a mes, la forma más práctica de hacerlo es a base de presupuestar estas dos variables para cada uno de los doce meses ajustándolo respecto al año anterior (por ejemplo la semana santa puede caer un año en marzo y el siguiente en abril, o al revés, y los puentes varían de año en año), así como incorporando los congresos o eventos que tenemos previstos que sucedan y en los cuales preveemos más ocupación o PM.

4 – La Cuenta de Resultados (provisional)

Ahora es el momento de juntarlo todo e incluir los gastos operativos. Muchos tendrán relación con el volumen de negocio y otros simplemente serán una estimación en un % de incremento respecto al año anterior.

5 – El Forecast

Aunque esta fase no es de presupuesto, se realiza a lo largo del año, es importante para controlar y hacer el seguimiento de la evolución del negocio y la previsión de si llegaremos o no a cumplir el presupuesto, nuestros objetivos de negocio.

Es importante ir revisando las previsiones de cada mes de forma semanal para ir ajustando los presupuestos a lo real para así poder hacer una previsión de los costes variables (personal, energía, contratos, etc) y poder ser lo más realistas posibles con el presupuesto que se hizo para el año en corriente.

13 EL CALENDARIO DE TARIFAS

Tendremos que hacer un calendario de tarifas anual, haciendo una previsión de los posibles eventos, los posibles días festivos, las ferias, congresos, etc. que nos puedan afectar y que pueda hacer que tengamos un precio distinto, ya sea porque es fin de semana, o ya sea porque hay un festival importante en la ciudad a estas fechas las llamamos **generadoras de demanda**.

Podemos tener 4 tipos distintos de generadores de demanda:

- Generadores de **Demanda de origen**: se dan unas circunstancias en el mercado de origen que permiten a los clientes viajar en esas fechas: vacaciones, puentes, semanas blancas, apertura de nuevas rutas aéreas, etcétera

- Generadores de **Demanda de destino**: ocurren eventos en el área donde se encuentra tu hotel que atraen viajeros. Desde congresos como el Mobile World Congress, fiestas locales como carnavales y conciertos o eventos deportivos como olimpiadas, triatlones, partidos de futbol, etc.

- Generadores de **Demanda internos**: bodas o celebraciones que se celebren en tu hotel, congresos, convenciones, etc.

- Generadores de **Demanda coyunturales**: desde la coyuntura económica del momento hasta las caídas o resurgimientos de otros destinos que puede ser por ejemplo las inestabilidades políticas, los atentados terroristas, etc.

En función de cómo afecten esos generadores de demanda en tu hotel o en el destino harán que tu ocupación y tu precio medio fluctúen de un año para otro en diferentes fechas.

Lo que también debe de estar reflejado en el calendario de tarifas son las ofertas y descuentos que vamos a ofrecer a nuestros clientes, por ejemplo por venta anticipada, y actualizar el calendario de tarifas cada vez que hagamos cambios de precios. Eso nos va a ser muy útil porque si hubiera un problema en el sistema y desaparecieran las tarifas, no sabríamos a qué tarifa estábamos vendiendo por ejemplo el seis de mayo, mientras que si tenemos el calendario de tarifas impreso o en nuestro ordenador y actualizado sabremos qué tarifa tenemos para este día seis de mayo. También nos servirá para ver cómo hemos ido cambiando esas tarifas, si a la alta, a la baja, etc. Por lo que nos puede ser útil en el futuro para ver a cuanto estábamos vendiendo en una fecha concreta.

Ejemplo de calendario de tarifas:

	V	S	D	L	M	X	J	V	S	D	L	M
ENERO	1	2	3	4	5	6	7	8	9	10	11	12
BAR	50	50	50	50	60	60	50	50	50	50	50	60
bar -10%												
bar -15%												
bar -20%												
bar -25%												
AD												
breakfast 2x1												

	L	M	X	J	V	S	D	L	M
FEBRERO	1	2	3	4	5	6	7	8	9
BAR	50	50	50	50	60	60	50	50	50
bar -10%									
bar -15%									
bar -20%									
bar -25%									
AD									
breakfast 2x1									

14 EL CALENDARIO DE DEMANDA

El calendario de demanda nos permitirá comprender cuál es el comportamiento de las reservas, de nuestros clientes y detectar los cambios que estamos teniendo en nuestro booking, y en nuestro precio, en nuestro RevPAR y en nuestra ocupación. El calendario de demanda nos permite ver a futuro, hacer una previsión; nos permite observar cuáles son las reservas que entran diariamente y en qué fechas están entrando principalmente, cuál es el pick up del volumen de reservas y cuál es el precio medio al cual están entrando estas reservas; y nos permite compararnos con el año anterior. Hacer un calendario de demanda y revisarlo diariamente es muy importante, nos permite saber en qué situación se encuentra nuestro negocio y en qué situación se va a encontrar en el futuro.

Hacer un calendario de demanda es el primer paso para hacer el forecast del hotel. En él se deben identificar todos los eventos pasados y futuros; y se debe actualizar tan frecuentemente como sea necesario para poder tener en cuenta los eventos que puedan afectar a nuestra demanda, por ejemplo: ferias, conciertos, eventos deportivos, políticos, sociales...

Si de pronto detectamos que empiezan a entrar muchas

reservas de ocio en un día concreto, puede a que se deba a que va a haber un partido de fútbol importante en la ciudad, o de que se haya convocado una convención. Encontrar la manera de identificar estos eventos especiales es de suma importancia para generar un calendario de demanda lo más realista y previsor posible.

10%	3	TARIFAS				
Nuestro Hotel	Travelclick	Hotel A	Hotel B	Hotel C	Hotel D	Hotel E
215,0 €	195,45 €	206,36 €	233,75 €	200,00 €	259,00 €	180,91 €
215,0 €	195,45 €	260,91 €	254,15 €	200,00 €	259,00 €	180,91 €
235,0 €	213,64 €	CLOSED	297,50 €	200,00 €	299,00 €	162,73 €
235,0 €	213,64 €	CLOSED	297,50 €	290,00 €	CLOSED	162,73 €
175,0 €	159,09 €	206,36 €	191,25 €	220,00 €	264,00 €	162,73 €
165,0 €	168,18 €	235,18 €	191,25 €	220,00 €	319,00 €	162,73 €
185,0 €	186,36 €	235,18 €	191,25 €	220,00 €	279,00 €	180,91 €
185,0 €	186,36 €	197,27 €	191,25 €	220,00 €	249,00 €	180,91 €
185,0 €	186,36 €	289,45 €	212,50 €	220,00 €	249,00 €	180,91 €
199,0 €	199,09 €	235,18 €	212,50 €	220,00 €	284,00 €	180,91 €
199,0 €	199,09 €	235,18 €	246,50 €	220,00 €	219,00 €	162,73 €
165,0 €	168,18 €	179,09 €	182,75 €	220,00 €	239,00 €	162,73 €
165,0 €	168,18 €	179,09 €	191,25 €	220,00 €	239,00 €	162,73 €
185,0 €	186,36 €	179,09 €	191,25 €	200,00 €	249,00 €	162,73 €

PICK UP				TARIFAS AYER				
DB4	AYER	HOY	PRONOSTICO	Hotel A	Hotel B	Hotel C	Hotel D	Hotel E
2	1	4	2	206 €	234 €	200 €	259 €	181 €
3	2	3	3	261 €	254 €	200 €	259 €	181 €
2	2	2	2	CLOSED	298 €	200 €	464 €	163 €
2	1	2	2	CLOSED	298 €	290 €	CLOSED	163 €
3	4	5	4	206 €	191 €	220 €	264 €	175 €
2	2	3	2	235 €	191 €	220 €	319 €	163 €
2	2	3	2	235 €	191 €	220 €	779 €	181 €
3	1	4	3	197 €	191 €	220 €	249 €	181 €
2	4	3	3	235 €	213 €	220 €	249 €	181 €
0	1	1	1	235 €	213 €	220 €	229 €	181 €
0	1	0	0	235 €	247 €	220 €	219 €	163 €
1	0	2	1	179 €	183 €	220 €	239 €	163 €
4	2	5	4	179 €	191 €	220 €	239 €	163 €
1	0	3	1	179 €	191 €	200 €	249 €	163 €
1	1	4	2	179 €	191 €	200 €	249 €	154 €
2	1	2	2	179 €	213 €	200 €	249 €	154 €
2	1	1	1	188 €	213 €	200 €	229 €	154 €
1	1	0	1	188 €	247 €	200 €	219 €	150 €

Ejemplo calendario de demanda

15 EL FORECASTING

Otra herramienta muy importante que tenemos que hacer de forma semanal es el Forecasting.

El **Forecasting** es la gestión de la demanda con carácter a futuro; la previsión de la demanda o lo que vamos a tener.

¿A qué precio y a cuantas habitaciones tenemos que vender en cada fecha a futuro?

Tendremos que detallar por segmentos en número de noches e ingresos generados por estos. Es importante realizar una reunión semanal con la Dirección y el equipo comercial para hacerles conocedores de cómo está evolucionando el mes, y los siguientes 2 meses venideros (como mínimo).

El Forecast nos permite hacer una foto de cómo esta nuestro negocio y cómo va a estar en los próximos días y los próximos meses, para así poder compararlo con el presupuesto y poder aplicar las estrategias correspondientes para alcanzar nuestros objetivos. Consiste en realizar una estimación y un análisis de la demanda basado en datos históricos y en las previsiones que tenemos, nos permite comparar con el año anterior y detectar qué segmentos están evolucionando favorablemente y cuáles no, y nos permite ajustar la estrategia de venta y la comercial. Por ejemplo si tenemos un mes en el cual estimábamos que íbamos a tener muchas reservas del segmento ocio y estas reservas no están entrando, puede ser que se deba a que el precio que tenemos a la venta sea muy superior al del año anterior o al de la competencia y que por eso no estén entrando estas reservas. Nos va a servir para crear una alarma, para revisar nuestros precios y para ver si estamos aplicando una buena estrategia de Revenue Management.

El Forecasting es muy importante realizarlo para tener esa fotografía de cómo está yendo y cómo irá nuestro hotel o departamento. Es importante elaborarlo por segmentos para saber cómo está evolucionando cada segmento y prever cómo va a evolucionar.

Para hacer un buen análisis tendremos que tener en cuenta el momento socioeconómico (guerras, crisis, etc) en el que nos encontramos y detectar y tener en cuenta si hay un cambio de hábito de compras (si se compra con menos o más antelación). Actualmente, en Europa el mercado ha ido evolucionando con reservas a más a último minuto, esto es debido a que el cliente ha cambiado su hábito de compra, cuando antes compraba por paquete vacacional en su agencia de viajes y lo hacía con mucha antelación, ahora que tenemos acceso a internet y los servicios y productos están a la venta al alcance de cualquiera, se puede comprar desde el móvil o un portátil con una antelación mínima, tanto a lo que se refiere a billetes de avión, como tren, como al alquiler de coches o reservas hoteleras. Todo esto lo puede hacer el cliente directamente sin necesidad de una tercera persona o de una agencia de viajes que este en el medio, con lo que el tiempo de compra es inferior.

Para poder hacer un forecast lo más realista posible tenemos que tener en cuenta las reservas de grupos, los pick ups y la curva de reservas.

RESERVAS DE GRUPOS

Habrá que hacer un seguimiento de la petición de los grupos y anotar en una nota de excel las peticiones recibidas cada mes, el precio y el número de conversiones (grupos confirmados). Eso nos servirá para establecer una estrategia de grupos y sus precios (fechas en las que nos interesan más, tarifas más bajas para ellos, mínimos de noches...).

¿qué debemos considerar en las peticiones de grupos?

- ratio de conversión

- ratio de antelación y de cancelación

- gasto por grupo

- tamaño (número de habitaciones y de ocupación)

- segmentación de los grupos (ocio, negocio, congreso, serie...)

CURVA DE RESERVAS

Construir una curva de reservas te ayudará a visualizar cómo está evolucionando el pick up y las reservas, tanto confirmadas como canceladas. Podrás identificar si los precios actuales están afectado a la previsión de las ventas en el sentido deseado.

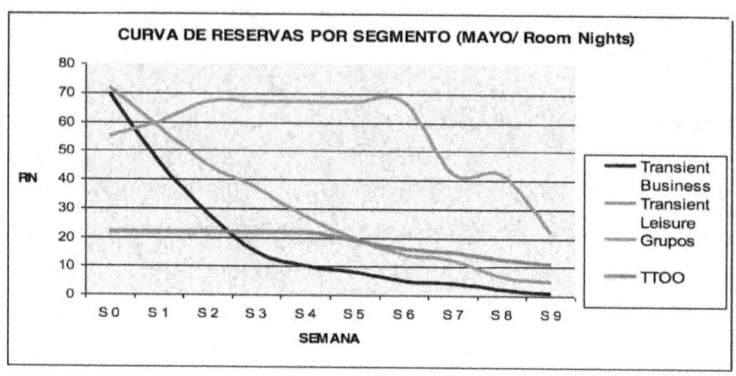

CURVA DE RESERVAS POR SEGMENTO (MAYO/ Room Nights)

EL PICK UP

El pick up permite ver cómo están evolucionando las reservas. Se puede hacer diariamente, semanalmente y mensualmente.

Para hacer un control deberemos poner por ejemplo las reservas confirmadas que tenemos en fecha 1 de enero para los meses del año. La semana siguiente las actualizaremos y así veremos si el pick up sigue la tendencia deseada.

Mes	OTB (1enero)	OTB (8 enero)	DIF
Enero	350	385	35
Febrero	150	195	45

CONTROL DE LA ESTANCIA

Uno de los quebraderos de cabeza de los revenue managers y de los departamentos de venta es la sobredemanda y sobreventa en fechas concretas. Hecho que causa que por ejemplo para el día 2 de marzo nos queden 35 habitaciones por vender, el día 3 estemos llenos y el día 4 nos queden 40 habitaciones a la venta.

¿qué ha pasado? Si hubiéramos hecho un buen seguimiento de la demanda y de la entrada de reservas, hubiéramos detectado que para el 3 de marzo vamos a llenar por lo que debemos controlar tanto las fechas mínimas de estancia como las fechas de reserva, poniendo por ejemplo un mínimo de 2 noches para esas 3 noches y cerrando el día 3 para que entren los clientes (arrival day) o no aceptando grupos de habitaciones para estancias de solo 1 noche.

16 EL BENCHMARKING

El benchmarking es la comparación de nuestro negocio, hotel, restaurante o bar frente a otros competidores, deberemos para ello, primero de todo determinar cuál es nuestra competencia. Por ejemplo por barrio, por zona, por categoría, qué nos diferencia de ella, qué nos hace distintos, qué nos hace destacar y quién forma esta competencia. Si por ejemplo son hoteles, son hostales, son hoteles de lujo; si tenemos un restaurante, cuál es la competencia de nuestro restaurante, no será lo mismo una cafetería que un restaurante que pueda ofrecer un menú similar al que nosotros estamos ofreciendo.

El benchmarketing nos permitirá desarrollar un amplio conocimiento no solo en las tarifas, sino también en el valor añadido que podemos ofrecer.

El benchmarketing de nuestros competidores englobará:

- el precio

- la ubicación

- el servicio

- el producto

- los canales de distribución

Tendremos que estudiar la competencia para saber a qué precios están vendiendo cada segmento para poder anticiparnos a sus estrategias.

Si nosotros tenemos un hotel boutique de 60 habitaciones y la mayoría de nuestras ventas se realizan a través de OTA's pero un 10% es a través de TTOO o bancos de camas; nuestra estrategia de precios será distinta a la de un hotel que tiene 300 habitaciones y que necesita llenar esas 300 habitaciones cada día ya que seguramente tendrá acuerdos de series de grupos, tarifas corporate a tarifas más bajas que las que ofrece online. ¿Cómo puede esto afectar a la demanda de nuestro hotel?

EVALUA LOS VALORES AÑADIDOS DE TUS COMPETIDORES

puntos fuertes + debilidades= valor

Para analizar el valor de un hotel vamos a tener en cuenta:

- identificar quiénes son nuestros competidores

- hacer un check list y puntuar de nuestros competidores su producto y calidad: ubicación, trato del personal, limpieza, número de restaurantes y bares, piscina, salas de reunión, calidad del proceso de reserva, amenities en la habitación, decoración, etc.

- identificar las debilidades y puntos fuertes de nuestro hotel y puntuarlo también en el mismo check list.

Con estos datos sacaremos una puntuación y veremos en qué

número de la posición nos encontramos. Este sin duda será un factor que va a influir en la política de precios y en lo que podemos esperar de la demanda por la relación calidad/precio de nuestro hotel vs la competencia.

Puedes comprobar rápidamente cómo evalúan los clientes tu hotel y tu competencia con las puntuaciones por departamentos en las páginas de booking o expedia, por ejemplo.

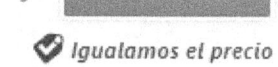

Igualamos el precio

bicación ideal. Mostrar mapa

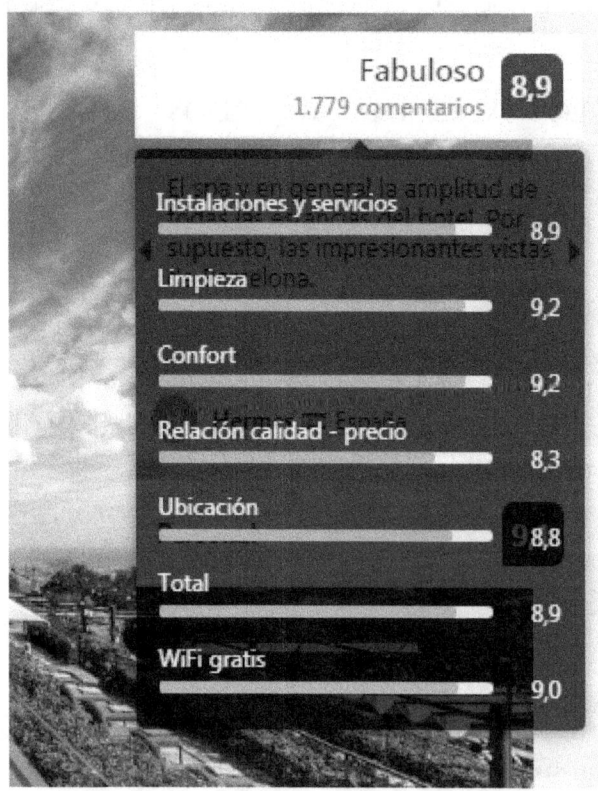

¿tenemos los clientes que corresponden a nuestra oferta de calidad y servicio del producto? ¿podemos conseguir clientes dispuestos a pagar más por nuestro hotel?

Dedica un tiempo a analizar tu competencia regularmente para ver en qué podéis mejorar: cambiar la decoración de las habitaciones, quitar las cortinas de los baños, poner una piscina, ofrecer servicio de pick up en el aeropuerto... todos los valores añadidos que puedas ofrecer al cliente hará que te prefieran sobre la competencia y estén dispuestos a pagar un precio más elevado.

HERRAMIENTAS PARA EL ANÁLISIS DE BENCHMARKING

Hay una serie de herramientas que nos ayudan a este estudio, como son por ejemplo **Star Global**. Star Global es una empresa que se dedica a mandarnos diariamente unos comparativos con nuestra competencia, la cuál habremos designado previamente.

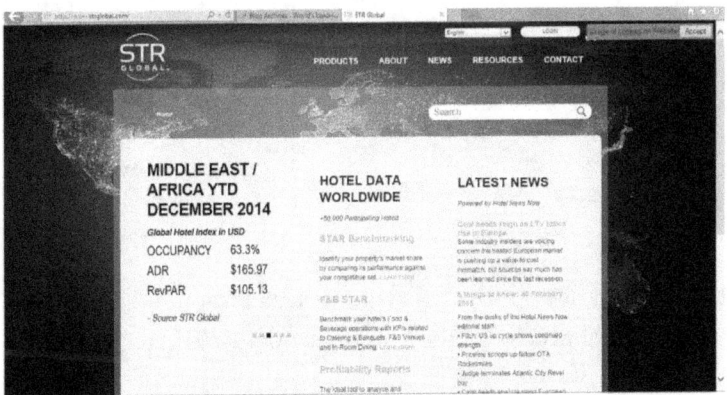

Diariamente vamos a rellenar qué precio medio hemos tenido el día anterior y cuál ha sido nuestra ocupación, nos mandaran unos distintos reportes, uno diario que es para saber cuál es nuestro precio medio, nuestro RevPAR y nuestra ocupación, en comparación con la competencia. También nos mandaran los reportes semanales de la última semana, el comparativo de la última semana y el mensual con los últimos treinta días. Podremos ver un comparativo de cómo vamos nosotros y cómo va la competencia, y nos servirá para establecer estrategias de precio y de mejora en nuestros servicios o lo que estamos ofreciendo. Es una buena herramienta para saber y ver cómo está evolucionando nuestra estrategia.

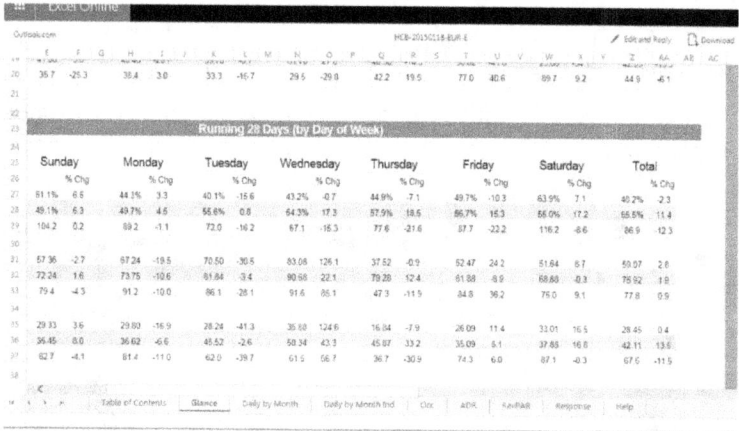

En este gráfico podemos ver, por ejemplo, la gráfica de ocupación, el precio medio y el índice del RevPAR

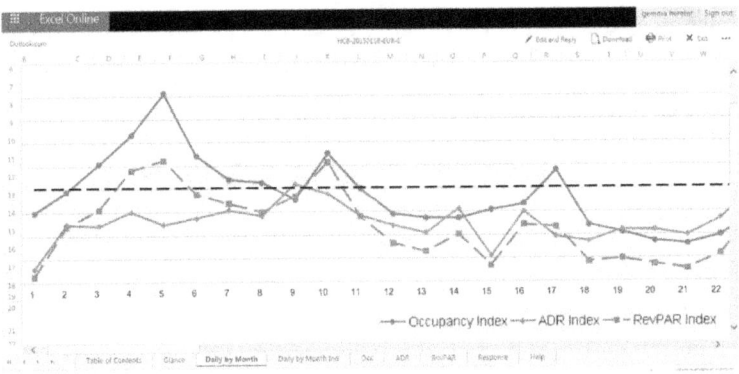

Otra herramienta de Benchmarking es **Price Match**

Price Match es una herramienta muy fácil de usar y muy visual, que nos permite según ellos aumentar nuestro RevPAR, lo que básicamente nos sirve es para ver qué evolución de ocupación hemos tenido, cuál teníamos, cuál es la que tenemos actualmente y cuál podría ser con la que cerraríamos el día.

Nos enseña a qué precio hemos ido cambiando el precio de nuestras habitaciones, y nos recomienda un precio óptimo, que según esa evolución sería idóneo para vender esas últimas habitaciones que nos están quedando. Es una herramienta bastante útil para hacer un Forecast y junto con otros reportes y estudios poner el precio diario al cuál queremos vender nuestras habitaciones.

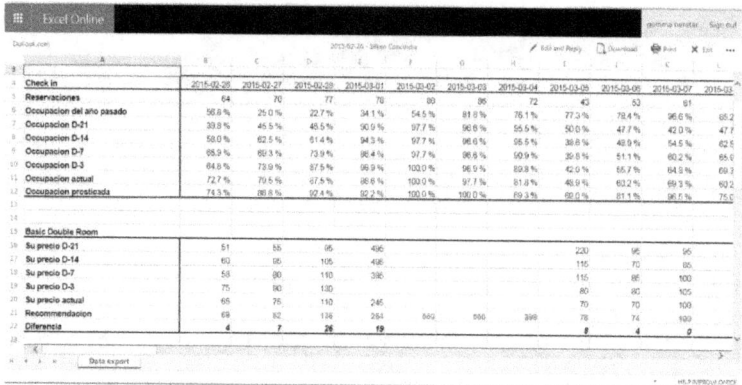

Otra herramienta que también usamos y que es muy útil, es **Beonprice**. Beonprice diariamente nos da los precios de nuestra competencia, es muy útil porque nos permite ver en una sola hoja diariamente cuál es la evolución y la situación de nuestros precios sobre nuestros competidores, y no tener que ir página por página y hotel por hotel a ver qué precio están vendiendo sus habitaciones.

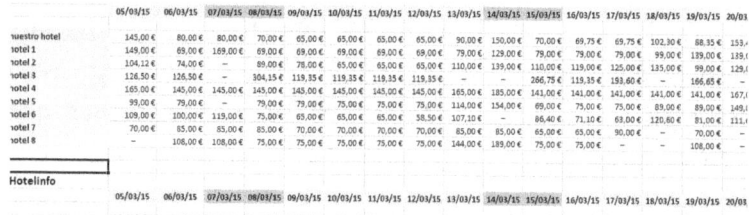

17 PRICING

El Pricing es la optimización de venta a través de la estrategia de tarifas.

Hasta el año 2006 la mayoría de hoteles funcionaban con las tarifas estáticas, es decir, un precio fijo para días entre semana y otro distinto para fines de semana; o un precio para invierno y otro para verano. Desde 2006 se introdujo la BAR (best available rate), y desde entonces la mayoría de hoteles trabajan cambiando tarifas a distintos rangos según la oferta y la demanda.

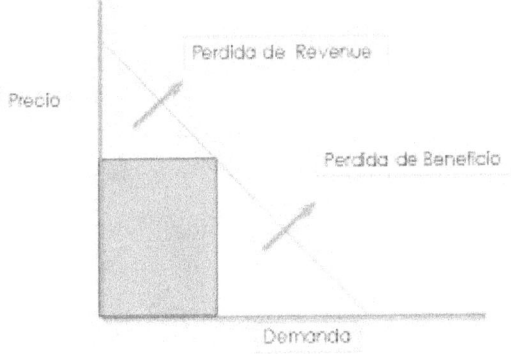

El hecho de dejar una tarifa fija puede implicar una pérdida de revenue o de beneficio.

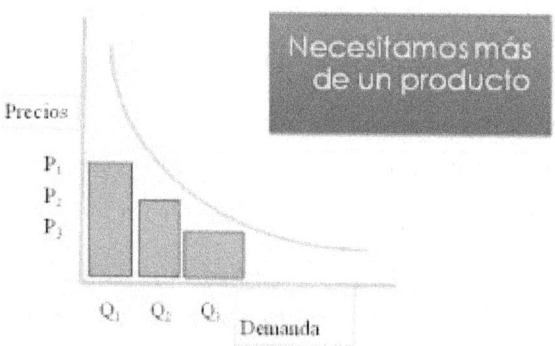

Y para no perder ninguno de ellos se necesita más de un precio y más de un producto.

¿Porque no debería un hotel vender distintos tipos de habitaciones a distintos precios? Por ejemplo, una família que necesite más espacio en una habitación estará dispuesta a pagar 40€ más por ejemplo, por tener una habitación más grande.

O una pareja que quiera una estancia romántica estará dispuesta a pagar un plus por poder usar el spa del hotel mientras que a lo mejor un hombre/mujer de negocios no lo va a usar y por tanto va a coger otro tipo de tarifa con alojamiento y desayuno.

Podemos llegar a ofrecer tantos precios y paquetes como queramos; deberemos estudiar cómo funcionan para intentar sacar el máximo beneficio de cada uno de ellos.

LLAMADA A LA ACCIÓN

- Evalúa qué productos estarían dispuestos a comprar tus clientes o qué compran de tu competencia

- Haz una lista con el tipo de habitaciones que podrías ofrecer y con los servicios especiales que les podrías añadir (ejemplo: habitación estandard, habitación superior, pase al spa, hab + desayuno + garaje, etc)

- Pon los suplementos que se les podría añadir.

- Diferencia los distintos productos que puedes vender en cada canal de distribución.

Un producto es la combinación de un precio y un valor. Hay distintos tipos de clientes con necesidades distintas por lo que deberemos anticiparnos a ellas y ofrecerles lo que creamos que puedan querer o necesitar.

Prueba a elaborar una parrilla con distintos rangos de tarifa Bar con restricciones distintas (mínimos de noches, tarifa no reembolsable, etc...) y a mes cerrado ver cómo ha ido la venta y su anticipación de reserva.

Lo lógico sería establecer una estrategia de precio más económico si el cliente reserva con más antelación para así ir subiendo las tarifas en cuanto menos disponibilidad quede y más se acerquen las fechas, pero en muchas ocasiones la teoría no casa con la práctica ya que se puede prever que se va a llenar una fecha en concreto y empezar con una tarifa de 100€ y en cuanto va llegando la fecha, ver que no se van a vender las habitaciones que esperábamos vender y acabar bajando el precio con menor antelación de llegada. A eso se le llama canibalismo de precios y la tendencia de muchos clientes acaba siendo esperar a ofertas de última hora.

PARIDAD DE PRECIOS

El objetivo de cualquier hotel debería ser tener paridad de precios en las ventas online. Eso significa tener el mismo precio ofertado en distintas webs para que el cliente acabe comprando en la web que más le interese.

A nosotros como hotel nos va a interesar más vender por nuestra propia página ya que nos ahorraremos comisiones que pueden llegar a ser de hasta un 30%.

No será lo mismo vender una habitación por nuestra web que nos comporte un 1,5% de comisión que por Booking.com que sea de un 18%.

100€ con 1,5% de comisión= 98,50€ de ingreso

100€ con 18% de comisión= 82€ de ingreso

Actualmente muchos hoteles están optando por ofrecer a sus clientes tarifas más económicas por la web propia con un descuento a cambio de ser no reembolsables o de tener un período de cancelación con más anticipación que con lo que podrían hacer reservando por OTA's. De esta manera, a pesar de ofrecer un descuento del 10 o del 15% consiguen tener un beneficio mayor que vendiendo a través de una OTA.

18 LA GESTIÓN DE LOS CANALES DE VENTA

¿Qué tiene que hacer aparte de muchas otras un Revenue Manager? Tiene que gestionar varios canales de venta. Y son:

- **la propia web del hotel.** Normalmente dependiendo de qué tipo de formulario de reserva tenga y qué portal de reservas esté usando, la comisión que pague será nula o será mucho más baja de lo que cobran las OTA's, por lo que nos interesa es que nuestro cliente reserve en nuestra propia web. Para que tengamos un buen volumen de reservas a través de ella, tiene que estar bien desarrollada, ser funcional, visual, intuitiva y fácil, tanto de encontrar en internet como fácil de reservar, para que nuestros clientes con muy pocos clics puedan reservar.

- las **OTA's** (Online Travel Agency). Tenemos por ejemplo booking.com, expedia, lastminute, easytobook, etc. Es donde actualmente reserva la mayor parte de los clientes, como mínimo los europeos para alojarse en un hotel. Normalmente estas páginas tienen nuestras fotos, una descripción de nuestro hotel, de nuestros servicios, y tienen nuestras tarifas evidentemente.

Todas las tarifas tienen que ser las mismas en todas las OTA's para que no haya disparidades, en el caso de que haya tarifas distintas no os preocupéis, que nos van a llamar, nos van a mandar un correo electrónico diciendo que existe disparidad en la tarifa y que se tiene que solucionar porque no puede ser que haya precios más económicos en una página y en otra no, porque eso puede perjudicar la venta de la que tiene los precios más altos.

- los **IDS**, son los portales de reserva, los portales a través de los cuales muchas empresas y muchas agencias nos hacen reservas.

- **TTOO** (Tour Operación) son los mayoristas que hacen de intermediarios entre las agencias y los clientes. Normalmente un hotel firma contratos anuales o semestrales con un tour operador fijando una tarifa normalmente techo. Puede ser que depende del tour operador con el cual estemos firmando el contrato podamos revisar en un futuro las tarifas a la baja. Normalmente lo suelen pedir, si nos hemos pasado dando una tarifa demasiada alta y llegado el momento se dan cuenta que estamos vendiendo de forma más económica.

Estos son los distintos canales a través de los cuales un hotel suele vender sus habitaciones. También existen evidentemente los cupos de agencia de viajes que podamos haber negociado, por ejemplo en el Corte Inglés y luego todo lo que son la venta directa a grupos o particulares que podamos hacer a través de teléfono o email.

ARTÍCULO PUBLICADO EN MI LINKEDIN

Cómo generar ventas directas en las webs de los hoteles

Ayer asistí al seminario online organizado por el Channel Manager *Siteminder* y *Triptease* (una herramienta que implantada en la web propia del hotel ayuda al usuario a comparar el precio con otras OTA's) sobre la importancia de generar ventas directas en los canales propios de los hoteles.

Tal y como comentaron los ponentes, 2016 es el año en que los hoteles se han dado cuenta de la importancia de las reservas directas y es el año en el que están empezando a hacer cambios para poder vender más directamente.

¿Qué conseguimos vendiendo a través de la web propia?

-**Un mayor margen de ventas** (ahorro de comisiones)

- **Relación directa con el cliente** (no tendrá que pasar a través de una OTA para hacernos peticiones especiales, indicar la hora de llegada, etc)

- **Conseguimos más información de él** (teléfono, email, etc) que nos va a servir para campañas de marketing o comunicaciones futuras.

71

¿De qué manera podemos atraer a nuestros clientes a la web propia?

- Primero de todo, estos potenciales clientes te tienen que **encontrar** (a través del buscador Google por ejemplo) por descontado debemos contar con una plataforma web propia y tendremos que trabajar en nuestra visibilidad online ya sea con SEO, SEM, PPC o con acciones a través de las redes sociales;

- Esta web tiene que ofrecer una **experiencia rápida**; está comprobado que la tasa de abandono de una web es muy alta si no carga en menos de 10 segundos; y la web tiene que ser **clara**, tiene que tener una "**apariencia**" **sencilla y atractiva**, además de segura para que el cliente encuentre lo que busca y se decida a reservar

- Tener un **buen motor de reservas**

- Que se **adapte a los dispositivos móviles**. Google empezó a penalizar a las webs de los hoteles que no tenían la web adaptada a los smartphones. Actualmente un 75% de las visitas a las webs se hace a través de dispositivo móvil o Tablet.

¿Cómo podemos conseguir reservas en la web propia?

-siendo claros y transparentes

- ofreciendo la comparación de precios en directo con las OTA's con un sistema como Triptease

- mostrando las ventajas de reservar directamente y ofreciendo descuentos o por ejemplo copas de bienvenida gratis, transfers al aeropuerto, etc.

De media un cliente visita hasta 3 o 4 páginas para comparar precios, fotos y descripciones. Visita Booking, Expedia, Trivago para comparar precios, además de la web propia del hotel.

Si en la web propia lo hacemos fácil, damos ventajas y la hacemos atractiva, el cliente acabará reservando en nuestra propia web y esto nos conllevará lo que hemos comentado anteriormente: ahorro en comisiones, relación directa con el cliente y obtención de big data (información del cliente).

En la actualidad cadenas como Melià o Marriott se están poniendo las pilas y se gastan miles de Euros al año en estudiar el comportamiento del cliente, la tasa de conversión, abandono de la compra y éxito con promociones; así como creando un equipo propio que se encarga del SEO y contratando a empresas externas para analizar el comportamiento de compra.

¿no valdría que los hoteles o cadenas hoteleras invirtieran en un buen planteamiento de su web y desarrollo de la misma para incentivar las ventas directas?

19 EL CHANNEL MANAGER

Cuando se trabaja en un hotel, normalmente se trabaja con un programa para gestionar las reservas, las habitaciones y la facturación; entre ellos pueden ser por ejemplo Opera o Tesipro, o cualquier otro que os permita gestionar las reservas, sacar estadísticas, analizar datos, y evidentemente poner los precios de las habitaciones.

Para evitar el cambio manual de precios en las distintas páginas web de nuestros distribuidores de habitaciones como pueden ser booking.com o Expedia, etc. y como sería un trabajo bastante árduo y largo, debido al volumen de canales contratados (en algunos hoteles tienen contratos con quince o veinte portales), existen los Channel Managers.

En España los que más se usan son Rate Tiger y SiteMinder.

Estos portales nos permiten gestionar y mandar la información sobre nuestros cambios de disponibilidad, tarifa, cierre de ventas y aperturas de ventas a los distintos canales con los que tenemos un contrato firmado y en el cual tenemos nuestras habitaciones a la venta.

Estas herramientas también tienen otras funciones, como por ejemplo el análisis de ingresos por canal que puedes revisar con fechas en concreto, también te permite ver qué reservas diarias están entrando, si tienes problemas de conectividad con algún canal en concreto, y lo que básicamente hace es hacer un poco más fácil el trabajo del Revenue Manager, para que nos podamos dedicar más a hacer una estrategia de tarifas y ventas, y no tanto a hacer un trabajo manual con los cambios de tarifas en todos los portales con los cuales hemos firmado un contrato.

A modo de resumen ¿Cuáles son las funciones del Channel Manager?

- Nos reúne las Ota's en una sola plataforma

- Nos permite ver la disponibilidad y tarifas

- Nos mantiene la estrategia de precios y disponibilidad evitando errores manuales

- Podemos controlar la disponibilidad

- Podemos controlar mejor las reservas y cancelaciones

- Y sacar estadísticas: estancia media por portal, revenue, el periodo de reserva anticipada, etc.

Es una herramienta que si bien tiene un coste, como todas las herramientas que usa un Revenue Manager es de mucha utilidad, por lo que yo la recomiendo.

20 EL DUMPING

El dumping es la práctica de algunas agencias online de bajar los precios publicados por el hotel (tarifa Bar: Best available rate) sin avisarle para beneficiarse de las ventas producidas en su canal gracias a esta diferencia de precio.

Para ello usan por ejemplo cupones descuento que no son autorizados por el hotel, o se reducen su comisión para poder vender más barato, como fue el caso de AMOMA, que publicaba precios de hoteles con tarifas muy bajas y era porque se aplicaba un 1% de comisión; o también puede ser que los distribuidores de camas como pueden ser Hotelbeds, Keytel, Abreu, los cuales disfrutan de tarifas negociadas (FIT) distribuyan estas tarifas a páginas webs que luego lo publican online.

El caso es que las OTAs suelen respetar la paridad que se le pide, pero no así las que recompran camas a otras agencias.

Para luchar contra el Dumping han aparecido varias empresas que hacen este trabajo más llevadero permitiendo controlar desde una sola página las diferencias de precios en las distintas webs. Pero igualmente es un trabajo que no todos los revenue managers tienen tiempo de revisar.

Normalmente, son los propios canales los que se comparan con otros y nos mandan alertas de disparidades.

Hay dos maneras más o menos rápidas de ver quién nos está

haciendo dumping. Si detectamos una web que ofrece una tarifa más baja de lo habitual, entramos en ella y hacemos la reserva en este caso con pago por transferencia bancaria o con tarjeta, con tarifa reembolsable para que nos devuelvan el dinero al cancelar.

Vamos a ver algún ejemplo, busco un hotel en Barcelona para la noche del 20 de octubre en un metabuscador como Trivago. Inmediatamente, obtengo unos resultados con precios distintos en distintas páginas web como son Traventia a 151€, en Roomdi.com a 161€, en Expedia a 172€.

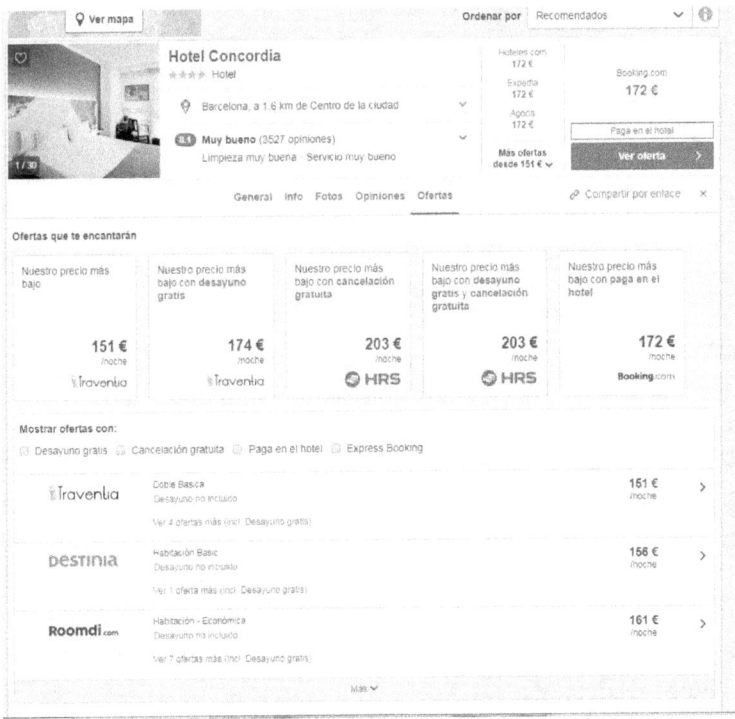

El precio oficial de venta en ese hotel es de 172€, así que vamos a intentar hacer una reserva en Traventia para ver quién le está distribuyendo camas. Hacemos la reserva en este caso con pago por transferencia bancaria o con tarjeta, con tarifa reembolsable para que nos devuelvan el dinero al cancelar.

Al estar en el hotel veo cuando entra la reserva cuál es la agencia que le está vendiendo la habitación.

En este caso era Viajes Abreu que estaba aplicando un descuento adicional del 10% en la tarifa y vendiendo la habitación a Traventia.

O otra manera de averiguar quién está distribuiendo la habitación es en la dirección de la web, veremos el nombre del proveedor.

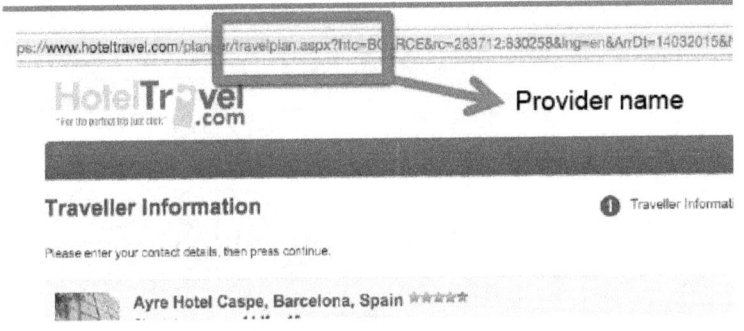

21 MARKETING ONLINE

Para poder vender nuestro hotel de la mejor manera posible contamos con las mismas herramientas que cualquier otra empresa puede optar en lo que a marketing online se refiere.

El Marketing Online nos permite aprovechar todo lo que son las plataformas de internet con presencia online para intentar vender nuestro producto, nuestra marca a nuestros potenciales clientes.

En el caso que nos concierne, en el de los hoteles, podemos hacer distintas acciones de marketing:

- email marketing

- google adwords

- gestión de la reputación online (respondiendo a comentarios online)

- presencia en las redes sociales con nuestra marca (blog, facebook, instagram, twiter...)

- inversión en metabuscadores de nuestra propia web

Vamos a ver una por una esas herramientas para poder vender nuestro alojamiento y aumentar nuestro revenue. Porque si! la gestión de nuestras redes sociales de forma correcta y de nuestra reputación online puede influir directamente en nuestro precio medio y ocupación.

¿Cómo encuentran nuestros clientes el hotel?

Hay distintas maneras de que un cliente encuentre nuestro hotel y decida alojarse en él que en de la competencia.

Una de las maneras es la **reserva hecha a través de una agencia online o TTOO**. Ahí no podemos controlar mucha cosa ya que dependerá de las características de hotel que esté buscando el cliente (con piscina, gimnasio, 3 estrellas, céntrico...), la puntuación que tengamos y el precio. Lo que si que podemos controlar son el precio y la puntuación, la cual será un reflejo de la percepción de la relación calidad precio y de la valoración de los distintos servicios del hotel. Un hotel con buena valoración optará a estar en los puestos más altos de las distintas agencias y en las primeras páginas, y está claro que un hotel que tenga las mismas características y precio que la competencia pero mejor puntuación será el que recibirá más reservas. Por lo que la puntuación online influye en el revenue y ventas de un alojamiento.

Otra de las maneras de hacer marketing sería a través de una **campaña de email marketing** que haría el hotel a través de su newsletter. Para ello será muy importante recopilar los emails de los clientes una vez hagan el check in. Con ellos podremos hacerles llegar promociones y descuentos directamente a su email y con la reserva que nos harán directamente y ya no a través de una agencia nos ahorraremos el pago de una comisión.

Otra de las maneras es con la **presencia en las redes sociales** a través de nuestros canales oficiales: twitter, instagram, facebook... para ello necesitaremos que una persona se encargue directamente de la gestión de ellos y que la gestión de la misma sea con un tono profesional, con unos standares homogenizados que sean compartidos en todas las redes sociales; y crear una buena estrategia de social media y tenerla planificada. Tenemos que tener en cuenta que prácticamente la mayoría de la población cuenta con un teléfono móbil con acceso a internet, y la mayoría de ellos tienen cuentas en estas redes sociales. No es de extrañar que un futuro cliente visite nuestros perfiles oficiales para obtener información del alojamiento (ver fotos, pedir información, ver dónde está ubicado, ver cómo se han gestionado posibles quejas, recomendaciones del mismo, etc).

Otra de las manera de encontrarnos es cuando hacen una búsqueda de alojamientos en un **buscador online (Google por ejemplo)** y buscan un hotel en Miami o un hotel en concreto ya directamente.

Para ello hay distintos tipos de resultados a nuestras búsquedas:

- búsquedas pagadas (anuncios= adwords)

- búsquedas orgánicas

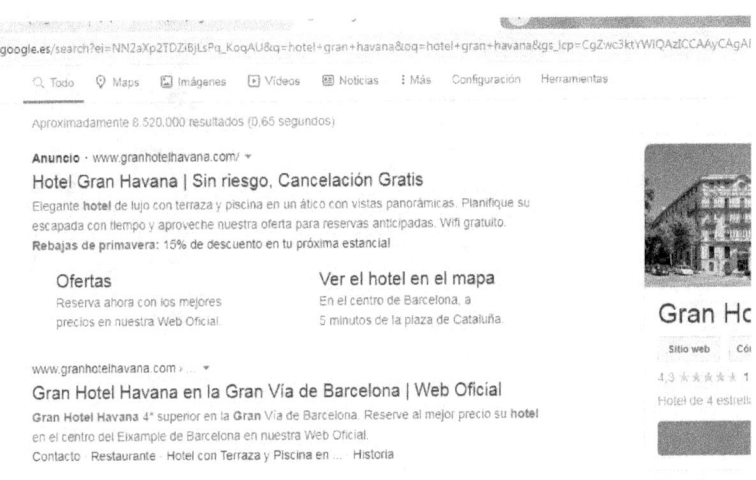

En la primera posición vemos el anuncio pagado por el propio hotel para poder captar leads y el segundo resultado ya es el orgánico, en el que el hotel no paga por aparecer ya que desde hace unos años apareció una ley en la que las páginas webs de las marcas (hoteles) tienen que poder aparecer antes que las de Booking o Expedia, por ejemplo.

De tipos de anuncios tenemos varios:

- en la red de búsqueda (el anuncio de arriba)

- red de display (los que salen con fotos en las páginas como La vanguardia, etc)

- Red de búsqueda con selección de display

- shopping

- Video

- y campaña universal de aplicaciones.

Para hacer este tipo de anuncios de pago necesitaremos crear una cuenta en Google Adwords y podemos planificar nuestra campaña de anuncios con las keywords más acertadas con un coste por puja.

Las keywords o palabras claves son las palabras que el turista va a utilizar cuando inicie la búsqueda de su hotel en los buscadores.

Normalmente, para el uso de la búsqueda de un hotel se usan los siguientes términos:

- *Hoteles*

- *Hoteles + criterio geográfico* (ej. Hoteles en Madrid)

- *Hoteles* + *criterio geográfico* + *servicios* (ej. Hoteles en Madrid con spa)

El problema es que cada palabra tiene un coste y no vamos a poder competir con nuestra competencia, por ello es importante seguir toda una serie de recomendaciones que nos permitan afinar las palabras que nuestros clientes vayan a teclear para llegar a nuestro público objetivo.

¿ Qué debo tener en cuenta al escoger las keywords?

Tal y como hemos dicho, las keywords tienen que ser un reflejo de las consultas que hagan tus posibles clientes.

Es muy importante detenerse a pensar cómo nos buscaran, pero sobretodo es muy importante eliminar aquellas palabras que no nos están trayendo visitas.

El proceso de elección de las palabras clave se tiene que apoyar en:

- la **página web del hotel**, es fundamental escoger las palabras claves que estén relacionadas con el contenido de vuestra web. Por ejemplo, si ponemos *hotel en madrid con spa*, tiene que tener spa, o *hotel económico en madrid,* que no sea un hotel caro, etc.

- los **productos** y **servicios** que ofrece. ¿ cuáles son los que nos diferencian de la competencia? ej. *hoteles para adultos en Miami; hoteles con gimnasio en Barcelona.*

- y combinar **nuestra marca con nuestros productos o servicios**; *ej. hoteles cerca de la Sagrada Família, hoteles cerca de la playa Palma de Mallorca.*

Las pujas. Las subastas adwords

<u>CPC o Coste por click</u>

¿cómo consigo ganar la puja a mis competidores?

En primer lugar, Google tendrá en cuenta el precio máximo que estás dispuesto a pagar por cada click, a pesar de que no llegarás nunca a pagar ese precio ya que Google tendrá en cuenta el valor de referencia que habrá puesto tu competidor inmediatamente anterior.

En segundo lugar Google tendrá en cuenta las siguientes variables con el objetivo de medir la calidad del anuncio:

1. La calidad de la página de destino

2. La relevancia de las palabras claves

3. El porcentaje de clicks

El resultado de multiplicar el precio máximo de la puja por la calidad del anuncio será el que determine tu posición en el buscador.

Y ¿cómo determina Google el coste por click? El buscador divide el resultado obtenido de multiplicar el precio máximo de mi puja por el nivel de calidad del anuncio, de mi competidor inmediatamente anterior, entre la puntuación obtenida en mi nivel de calidad.

Por ejemplo:

Imagina 3 hoteles A, B y C. El hotel A tiene un máximo de 4€ por puja, el B de 3€ y el C de 2€.

Google por su lado, ha indicado que por lo que a calidad se refiere el hotel A tiene un 5, el B un 9 y el C un 7.

El ranking quedaría así:

Hotel A= 4 x 5 = 20 (2º)

Hotel B= 3 x 9= 27 (1º)

Hotel C= 2 x 7= 14 (3º)

El valor del Coste por click sería:

Hotel A= 14/5= 2,8€

Hotel B= 20/9 = 2,22€

Hotel C= precio mínimo

CPM o Coste por mil impresiones

El CPM se utiliza fundamentalmente en la red de display. El anunciante no paga por click sino por 1000 impresiones con su anuncio.

Normalmente, este tipo de estrategia se usa cuando lo que se busca es posicionar la marca en detrimento de una estrategia de ventas más agresiva y orientada a la conversión.

CPA o Coste por Adquisición

El CPA está asociado a la tasa de conversión. Es el coste que Google nos asignará cuando se formalice una reserva a través de nuestro anuncio.

Ejemplo: supongamos que hacemos una campaña con CPA, el precio medio de reserva es de 100€ y el beneficio neto del hotel es de 45€. Para que la campaña sea rentable el coste por adquisición debe ser menor de 45€. Si por ejemplo queremos obtener un 30% de beneficio sobre el precio de compra entonces el CPA no debería exceder de los 11€.

Ahora vamos a ver los **metabuscadores**. Si volvemos a hacer la búsqueda en concreto de un hotel, en este caso el hotel Gran Havana en Barcelona, en Google, a la derecha, nos encontramos con el resultado del hotel y un motor de búsqueda de fechas para la reserva en el mismo.

En este caso, también nos encontramos que el hotel está pagando para aparecer en el buscador de disponibilidad así como también aparecerá en webs como Kayak o Trivago para dar la opción a sus posibles clientes a que reserven por su propia página web y así ahorrarse la comisión a terceros. Normalmente, el hotel pagará CPC por aparecer en estos buscadores.

Los clientes también nos pueden buscar a través de otros buscadores o páginas concretas como puede ser Trip Advisor o a través de anuncios que les aparezcan en Instagram o Facebook, así como también a través de menciones en distintas plataformas de redes sociales como puede ser por ejemplo Twitter.

¿Qué influye en la decisión de compra de un cliente? La información sobre el hotel, los comentarios que puedan encontrar en internet y evidentemente el precio. Una cosa que ha hecho muy bien Trip Advisor que empezó, no sé si lo sabéis, como una página de recomendaciones de sitios a los cuales habían ido un matrimonio australiano, y empezó haciendo una serie de menciones y críticas a los sitios donde habían viajado. Esta plataforma fue creciendo y actualmente ya ofrece reservas de forma directa de restaurantes y de hoteles a través de distintos portales con la comparación de los precios de OTA's integradas en su web.

Trip Advisor es una plataforma que en principio, todo el mundo aunque no se haya alojado en un hotel o haya comido en un restaurante concreto puede dejar una opinión sobre ese establecimiento. Eso tiene tanto defensores como detractores, porque puede ser que tu competidor deje malos comentarios sobre tu negocio para intentar hacerte daño e intentar hacer más ventas de su negocio.

Normalmente Trip Advisor tiene un departamento que se encarga de lidiar con posibles mensajes y comentarios que no sean verdaderos, también han existido casos de hoteles que han denunciado que la competencia les estaba intentando hacer daño, así como bares y hoteles.

Es muy importante para influir en la decisión de compra de nuestro futuro cliente, primero de todo, poner la misma información sobre nuestro establecimiento en todos los canales y lo más detallada posible para que nuestro cliente nos escoja por encima de la competencia.

También tendremos que poner unas buenas fotos, muchas veces hay negocios que olvidan el efecto que puede tener una buena foto, y actualmente nos vamos dirigiendo hacia un consumo muy visual de los productos y servicios y de lo que queremos consumir; ya que nuestro precio y tiempo es limitado, queremos dedicarlo a aquello por lo que realmente valoramos y queremos consumir.

En los hoteles o bares y restaurantes podemos hacer uso de las distintas plataformas del **social media** como puede ser Facebook, que es usado por la mayoría de hoteles, Instagram, LinkedIn, You Tube, Tumblr, Pinterest y Twitter. Estas son las plataformas líderes y en las que están la mayoría de potenciales clientes y en las cuales debemos dedicar el mayor esfuerzo posible para hacernos un hueco en ellas. Las más usadas y con más usuarios son Facebook, Instagram y Twitter, y deberían ser las plataformas si no tenemos tiempo o no tenemos los recursos necesarios para desarrollar una buena estrategia de social media, para almenos dedicarnos a estas tres plataformas para poder crear una buena base de fans, captar clientes y fidelizarlos para sus futuras estancias en nuestra ciudad y en nuestro hotel.

ARTICULO PUBLICADO EN LINKEDIN

Cómo planificar una campaña de Google Adwords para tu hotel

De las palabras clave más difíciles de posicionar en Google haciendo SEO (búsqueda orgánica o natural de una palabra en buscadores como Google) es la palabra *hotel*.

Sólo poniendo en **google adwords keywordplanner** la palabra *hotel Barcelona*, nos salen por ejemplo más de 165.000 búsquedas realizadas en marzo de 2015, por lo que a priori ya nos da una estimación de cuanta gente está buscando información de hoteles en Barcelona ese mes.

Lamentablemente, si quieres posicionar a tu hotel en la primera página de Google para **conseguir visitas, posicionamiento de marca o ventas desde tu propia página web,** no te va a quedar más remedio que pagar para que aparezca en la primera página de Google ya que es muy difícil que un hotel por si solo aparezca en ellas.

Normalmente las que aparecen de forma orgánica (si pagar) son OTA's (booking, expedia o tripadvisor) quienes destinan cantidades ingentes de dinero y desde hace mucho tiempo en establecer sus campañas de marketing (SEO, SEM y PPC).

Al hecho de pagar para que aparezca nuestro anuncio, le

llamamos **PPC (pay-per-click).**

Una de las maneras de hacer PPC es con Google Adwords. Estas campañas no te van a asegurar un ROI (retorno de la inversión), pero puede que consigas más ventas directas o redireccionar a un cliente que podría ser que hubiese ido al hotel de la competencia, y que sólo por el hecho de verte se decida finalmente por ti, aunque termine reservando más tarde a través de una OTA.

Seguidamente te voy a dar los pasos para establecer una campaña con Google Keyword planner.

- Crea una cuenta Google y entra en Adwords Keywordplanner.

- Introduce una palabra clave y haz una segmentación para obtener ideas

Google adwords funciona a modo de puja; con palabras que tienen mucha competencia (como hotel) como el espacio para aparecer es reducido (normalmente 8 a la derecha y 2 en la parte superior del texto)

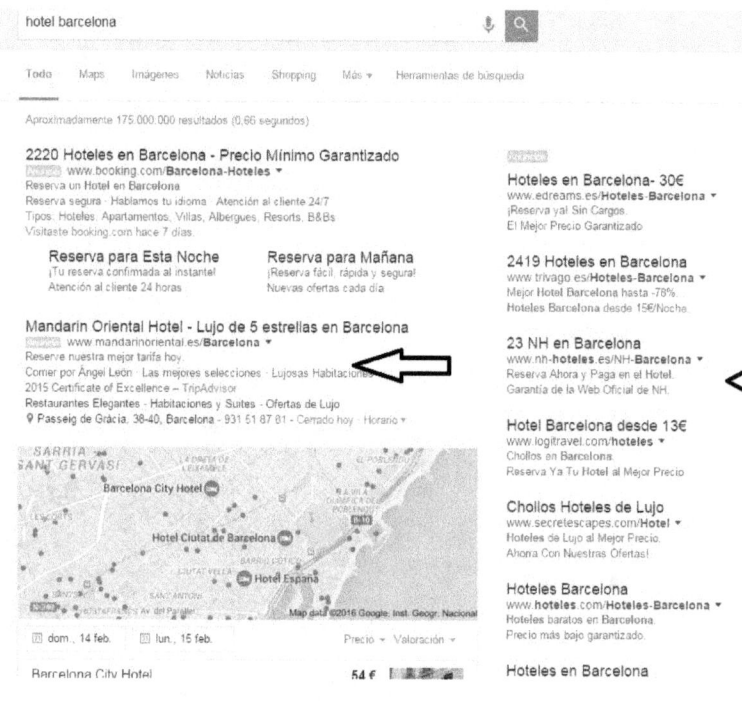

nos va a pedir un precio por cada click del usuario bastante alto en nuestro caso, entre 0,52 y 2€. Eso quiere decir, que independientemente de que una persona acabe reservando o no a través de la web linkada al anuncio, el coste de oportunidad (y de click para que vea nuestra web)habrá sido de entre 0,52 y 2€. Deberemos ver de qué presupuesto disponemos y establecer la duración y coste de la campaña.

Grupo de anuncios (por relevancia)	Promedio de búsquedas mensuales (?)	Competencia (?)	Puja sugerida (?)	Porcentaje de impresiones del anuncio (?)	Añadir al plan
Hotels In Barcelona (13) hotels barcelona, best hotels barcelona, lux...	⌐	2.410	Alta	1,79 €	–	»
Barcelona Cheap (6) cheap hotels barcelona, cheap hotels in bar...	⌐	740	Alta	1,68 €	–	»
Barcelona Booking (9) barcelona booking, hotel barcelona booking,...	⌐	8.860	Media	0,40 €	–	»
Barcelona City Hotel (5) barcelona city hotel, hotel barcelona city, cit...	⌐	320	Media	1,43 €	–	»
Barcelona Centre (7) hoteles en barcelona centro, hoteles barcelo...	⌐	4.510	Alta	1,59 €	–	»
Baratos Barcelona (5) hoteles baratos en barcelona, hoteles barato...	⌐	16.080	Alta	1,33 €	–	»
Oferta Hotel (6) ofertas hoteles barcelona, oferta hotel barce...	⌐	2.380	Alta	1,26 €	–	»
Hotel Barcelona (117) barcelona hotel, w hotel barcelona, hotel ce...	⌐	86.610	Media	1,57 €	–	»
Barcelona (22) accommodation barcelona, barcelona rooms...	⌐	9.780	Alta	0,97 €	–	»

Si por ejemplo, disponemos de 300€ mensuales y el precio por click va a ser de 1,5€ tendremos que en 30 días sólo podrán hacer click al anuncio unas 6 personas al día, una vez pasado el presupuesto diario, que en este caso sería de 10€ al día, nuestro anuncio dejaría de aparecer.

Por eso es muy importante hacer una campaña de palabras clave que no tengan mucha competencia y que por lo tanto sean lo más económicas posibles y que segmenten muy bien a nuestro hotel o servicios, para "afinar" la búsqueda lo máximo posible.

Si por ejemplo tuviéramos un hotel con encanto en el Pirineo ideal para parejas podríamos hacer el ejercicio con el planificador de palabras clave para ver cuánto nos costaría publicar nuestro anuncio y aparecer en los buscadores cuando un usuario ponga "hotel romántico parejas pirineo", seguidamente veremos qué competencia tenemos en cuanto a anuncios y cual sería nuestro coste por click con esas palabras clave.

Como más específica sea la descripción de nuestro hotel o servicios que ofrecemos, más vamos a afinar con el cliente potencial y no vamos a estar perdiendo dinero con clicks que no terminarían en compra.

Por ejemplo si disponemos de spa o restaurante con cena romántica tendremos en cuenta estas palabras clave para crear anuncios y hacer más fácil que nos encuentren.

22 LA REPUTACION ONLINE

La reputación online es básicamente lo que se dice de nosotros en internet. ¿Por qué es importante la reputación online y su gestión correcta en nuestro hotel? Hablaremos más de ello, pero podría influenciar sobre todo a la hora de venta y del precio. Actualmente si nos fijamos en varias páginas web ya están apareciendo desde hace tiempo las puntuaciones ¿Qué pasa por ejemplo en booking.com? La puntación que nos dan los huéspedes que se han alojado en nuestro hotel y que aparece en la página de booking.com o Expedia, o de la página que sea, nos dan una imagen o una reputación sobre nuestro establecimiento.

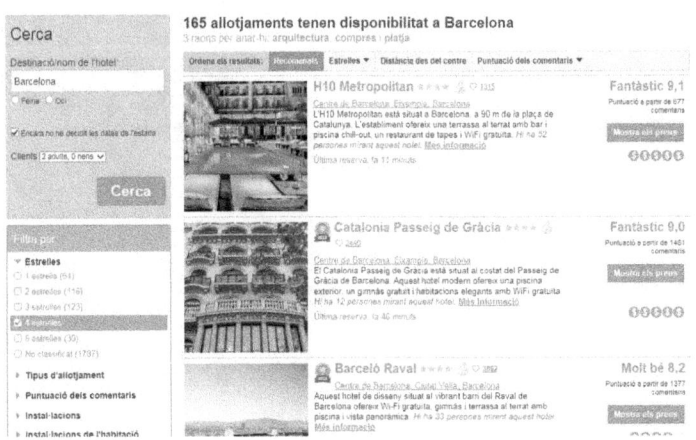

Por ejemplo aquí vemos que el H 10 Metropolitan está más bien valorado (con un 9,1) que el Catalonia Passeig Gracia (con un 9), normalmente un hotel con un precio similar, dependiendo de la puntuación y los comentarios que tenga, puede ser preferido por los clientes por encima de uno similar. Por eso, es muy importante la puntación que recibimos sobre nuestro hotel, y que normalmente tiene en cuenta el servicio, el precio, la calidad, la atención del personal y las instalaciones. En este tema tenemos que tener muy presente que una buena gestión de la reputación es importante.

CÓMO GESTIONAR LA REPUTACIÓN ONLINE

Existen distintas maneras de gestionar la reputación online. Una de ellas como ya hemos dicho es a través de la plataforma Tripadvisor o en la misma Booking.com. Los clientes nos dejarán comentarios y nosotros como propiedad les podremos contestar.

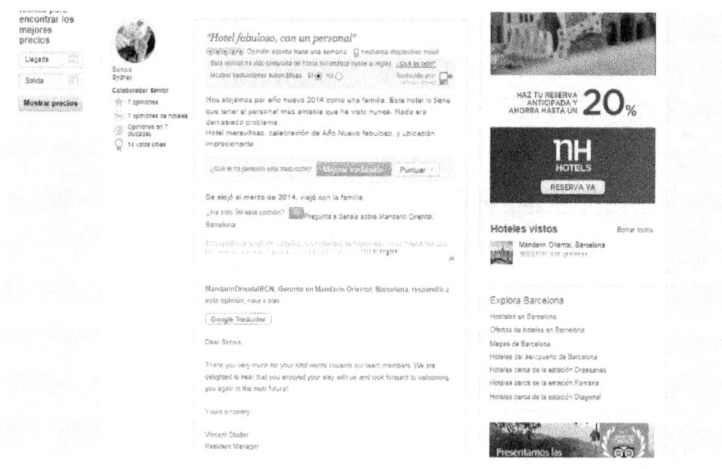

También han ido apareciendo empresas dedicadas exclusivamente a la gestión y análisis de los comentarios online de los clientes como puede ser Reviewpro. Estas herramientas juntan todos los comentarios que aparecen online y nos dan una media de nuestro establecimiento, así como también nos pueden dar la información de nuestros competidores, por lo que nos será muy útil para ver cómo nos podemos diferenciar y en qué podemos mejorar.

Cómo responder a los comentarios de los clientes

Personaliza tus respuestas

Haz que cada respuesta sea única y original. Dirigiéndote al cliente por su nombre o apellido (Si lo tienes). Tómate tu tiempo para escribir un mensaje personalizado. Demuéstrale lo mucho que te importa su valioso comentario y cada uno de tus clientes.

No des solamente un gracias como respuesta a un comentario positivo. Agradece al cliente su visita y coméntale lo contento que estás de que haya tenido una estancia agradable en tu ciudad y tu establecimiento.

Responde de forma exclusiva

Maximiza al máximo la satisfacción del cliente y asegúrate que cada respuesta es única y concreta.

Convierte lo negativo en positivo

A pesar de que tu cliente deje una o varias críticas sobre tu establecimiento y sus servicios, procura aprovechar esta oportunidad para informar sobre las mejoras previstas, las hechas o lo que tendréis en cuenta a partir de ahora. Sé original y busca oportunidades para mejorar la experiencia de tus clientes.

Revisa lo que has escrito

No cuesta nada releer lo que has escrito y asegurarte de que te estás expresando y escribiendo de manera correcta. Te evitarás más de un susto o modificación (si la página te permite editar la respuesta) más adelante.

ARTICULO PUBLICADO EN MI LINKEDIN

Como una baja reputación online va a afectar a tu precio de venta

En la era y los tiempos en que vivimos no hay empresa, persona, restaurante u hotel que se escape a tener una presencia online.

Los comentarios que antes se hacían en la intimidad de nuestro circulo de amistad, familiar o laboral son ahora públicos.

No hay prácticamente nadie (almenos en la realidad en la que vivimos) en la que la gente no disponga de acceso a internet ya sea desde su propio móbil, Tablet, ordenador o desde el de un amigo o familiar.

Nos guste o nos disguste los servicios y productos que ofrecemos de cara al público van a quedar expuestos al público en general, vaya o no vaya a alojarse en nuestro hotel o a comer en nuestro restaurante.

Los clientes alojados disponen de una gran cantidad de

páginas web (Tripadvisor o las propias Ota's) para dejar comentarios de su estancia.

En la actualidad por ejemplo Booking.com envía un email al cliente que se ha alojado en un establecimiento 24 horas después de su salida y si no deja un comentario o hace una valoración, se lo recuerda 15 días más tarde.

Y con Tripadvisor no hay manera de probar que hayas consumido en ese establecimiento, por lo que cualquier persona puede tener acceso a dejar un comentario online.

A día de hoy, está más que probado que los comentarios negativos o malas puntuaciones de los clientes perjudicarán la afluencia de público o de potenciales clientes hacia ese establecimiento por lo que es de vital importancia para estos, detectar si un cliente no está satisfecho durante su estancia para en la medida de lo posible intentar arreglar los percances que pueda tener y evitar que deje un comentario negativo. Aún así, lo más probable es que si tiene una mala experiencia lo plasme en las distintas redes sociales.

Una mala puntuación en internet nos va situar en una situación más vulnerable que la de nuestros competidores a nivel de reputación de marca, pudiéndonos abocar a tener que bajar precios para compensar la falta de demanda provocada por este hecho.

Es por eso que debemos cuidar nuestra reputación online como negocio y cuidarla en el más mínimo detalle ya sea ofreciendo la mejor experiencia posible a nuestros clientes y en el caso de recibir comentarios, responder a ellos para hacer ver a los futuros y anteriores clientes, que nos preocupamos por ellos.

23 CUANTO COBRA UN REVENUE MANAGER

Basado en un estudio rápido que he hecho obteniendo los datos por internet, a fecha de Abril de 2015 podemos decir que, la mayoría de anuncios de trabajo publicados online no ponen el sueldo ofrecido pero aún así hemos podido encontrar algunos, las ofertas de trabajo dónde más hay son:

En España el sueldo medio es de 26.000€ año/bruto

Ofertas de trabajo en Barcelona, Madrid y Mallorca. En hoteles de 4, 5* y empresas de gestión de apartamentos turísticos.

En USA, según payscale.com el sueldo medio es de 55.000$.

En Australia es de 65.000AUS$

En el Reino Unido (en Londres es dónde los salarios son más altos) son de una media de 45.000 libras esterlinas. (unos 61.000 Euros)

Y normalmente se pide:

- Análisis y control de los precios propios de la empresa y de la competencia.
- Conocimiento de la actividad de la competencia.

- Asegurar el mejor precio y posicionamiento en cada segmento y temporada.
- Analizar el comportamiento de los segmentos y canales de demanda del hotel.
- Identificar nuevas oportunidades y participar en la creación de nuevas ofertas y paquetes comerciales.
- Gestión del contenido de la web de la empresa mediante el gestor de contenidos.
- Trabajar en coordinación con el departamento comercial para poner en práctica las acciones necesarias para alcanzar los objetivos marcados.
- Maximizar la rentabilidad en la web corporativa de la empresa y las agencias de viaje online

- Optimización de la presencia de hoteles en cuanto a posicionamiento, contenidos, fotos y presencia destacada.

- Control de precios
- Control de ocupación
- Gestión de las OTAS, WEB y control de contenido
- Gestión de cierres de ventas
- Redacción de informes y estadísticas

- Análisis de datos de resultados de ocupación, tendencias, comportamientos y productividad por canales y realizar propuestas de mejora.

La mayoría de hoteles en España suelen ofrecer el sueldo basado en el convenio de hostelería según la categoría de cada hotel, pero también se ofrecen incentivos y pluses por objetivos.

ARTICULO DE MI LINKEDIN

¿Va a extinguirse la figura del Revenue Manager?

El pasado martes asistí a la reunión que organiza el Gremi de Hoteles de Barcelona para discutir las herramientas que usan los Revenue Managers en su día a día, y entre ellas se habló del Revenue Management system, que son las herramientas que aconsejan o actualizan directamente los precios en función de la competencia y la disponibilidad.

De los 402 hoteles encuestados, un 67% dice que no usa dichas herramientas pero un 11% usa un software llamado IDEAS, que si bien es caro (unos 5.000€ al año), agiliza y permite al Revenue de un hotel, tener una orientación sobre el mejor precio a aplicar a su establecimiento y a sus distintos tipos de habitación y si lo quiere, actualizar los mismos automáticamente.

Pricing

IDeaS offers the solutions and support you need to make fast, informed rate and availability decisions based on the full range of pricing categories and pricing techniques.

SEE PRICING SOLUTIONS

Forecasting

Whether you're just getting started with automated, demand-driven forecasting or are ready to make forecasts part of a fully automated revenue management system, IDeaS has you covered.

SEE FORECASTING SOLUTIONS

IDeaS Advisory Services

Technology implementation is only the beginning of every revenue management journey. That's why IDeaS offers a suite of expert advisory services to help you create and maintain a winning revenue management function.

EXPLORE THE POSSIBILITIES →

Dicha herramienta usa el histórico del hotel y tarda entre 3 meses y seis meses a ser un poco fiable, pero una vez pasado el período de implantación podría llegar a ser un software que para algunos hoteles les ahorraría tiempo y dinero sobretodo en cuanto a personal. Grandes cadenas como Hilton o Meliá hace años que lo están usando y les permite a los Revenue centrarse en estrategias de precios y no al cambio de tarifas en sí.

Otras herramientas menos caras también usadas como "consejeros" de precios son en un 11% sistemas propios (ya sean con tablas propias hechas) o con softwares como el de Pricematch con un 3% de uso o de Hoteltools o el Revenue optimizer de Reviewpro.

Si bien las herramientas que salen en el mercado mejoran el día a día de un Revenue y les permite ahorrar tiempo, podría ser que como en todos los puestos de trabajo, llegado el momento, esta figura se viera sustituida por un software o una máquina. No obstante, a día de hoy, como en muchos otros puestos de trabajo, **hay una serie de decisiones, sobretodo estratégicas que no pueden ser tomadas por softwares** y que (al menos por el momento), va a permitir que esta profesión, inexistente hace unos 10 años, siga transformándose y evolucionando en el complejo mundo de la hotelería y en la cual siga siendo necesaria la figura de una persona que hará su trabajo más eficiente y mejor con el uso de esta tecnología.

¿Y tú? ¿Qué opinas?

24 RESUMEN Y CONCLUSIÓN

Y llegamos al final de este libro introductorio al Revenue Management en un hotel.

Espero que os haya sido de ayuda y que os haya servido para aplicar una buena base de estrategia para sacarle el máximo beneficio a vuestro negocio.

Como habéis podido comprobar la técnica de revenue management es una suma de los históricos, los presupuestos, el análisis de la competencia y los demanda prevista. Cada día, cada mes y cada año son distintos, y es lo que hace el trabajo de revenue muy gratificante y ameno.

Os animo a que tenéis cualquier duda me contactéis.

Así mismo, comentaros que estoy abierta a partnerships y consultas.

No dudéis en contactar conmigo a través de Linkedin.

SOBRE LA AUTORA

Gemma Hereter es Revenue & Marketing Manager. Ha publicado varios libros sobre freelancing, SEO y ebook marketing.